GIN
INSIDE

Eine inspirierende Reise durch die Welt der Gin & Tonic Marken – mit Rezepten, Tipps & Trends

Bibliografische Information der Deutschen Nationalbibliothek
Die Deutsche Nationalbibliothek verzeichnet diese Publikation in der Deutschen Nationalbibliografie; detaillierte bibliografische Daten sind im Internet über http://dnb.dnb.de abrufbar.

Originalausgabe

Hochheiden u. Channir GbR
Victor Hochheiden, Tom Channir
Brunnenstraße 63
D-13355 Berlin

Bei Fragen und Anregungen
info@vt-verlag.de

ISBN Hardcover: 978-3-9820530-0-4
ISBN ebook: 978-3-9820530-1-1

Covergestaltung: Simone Nash und Julia Jung
Grafik & Layout: Julia Jung
Texte: STORY BERLIN
Fotografen: Pascal Hoffmann, Toxu Kim
Illustration: Marlene Binder
Inhaltliches Lektorat: Thorsten Husmann, Maren Meyer, Martin Thibault, Steffen Zimmermann und Konstantin Hennrich
Lektorat: Ulf Schumann
Druck und Bindung: FINIDR, s.r.o., Český Těšín,
Gedruckt in der Tschechischen Republik

Das für dieses Buch verwendete FSC®-zertifizierte Papier Munken Polar liefert Arctic Paper Munkedals AB, Sweden.

FSC www.fsc.org
MIX
Papier aus verantwortungsvollen Quellen
FSC® C014138

Darüber hinaus wurden uns Fotos von Gin-Herstellern zur Verfügung gestellt. Hierfür möchten wir uns ganz herzlich bedanken!

INHALT

Herstellung

Stories

Journey

Gin-Insider

Gin-Rezepte zum Essen & Trinken

EIN VORWORT

an unsere Leser und eine Liebeserklärung an die beste Spirituose der Welt

Wir haben uns für euch auf die Reise gemacht, um die Landschaft der extravaganten Spirituosen zu bereisen. Zurückgekommen sind wir mit dem Buch ***Gin Inside*** – vollgepackt mit inspirierenden Storys und Insights rund um die Kult-Spirituose Gin.

Wir, das sind Victor und Tom – zwei leidenschaftliche Gin-Genießer und begeisterte Verleger. Unser Start-up, den VT-Verlag, haben wir frisch gegründet, im Auftrag des guten und extravaganten Geschmacks. Eine echte Herzensangelegenheit. Dieses Buch ist also der Startschuss unseres jungen Start-ups – schön, dass ihr dabei seid!

Unsere Faszination für Gin und der Drang, immer etwas Neues entdecken zu wollen, hat uns auf eine abenteuerliche Reise geschickt. Wir haben viele interessante Gin-Marken in ganz Deutschland und darüber hinaus entdeckt. Aber wir wollten mehr als nur Hintergrundinfos – wir wussten: Mit ***Gin Inside*** werden wir einfach... na ja... tiefer graben, uns selbst und unsere Leser begeistern. Also haben wir nach spannenden Geschichten hinter den Marken gesucht und sie ausgebuddelt. Der Titel des Buches ist Programm: ***Gin Inside*** ist ein intimer Einblick in die Welt des Gins von Gin-Liebhabern für Gin-Liebhaber – und die, die es werden wollen.

Da es bereits sehr, sehr, sehr viele Gin-Sorten gibt, haben wir in unserem ersten Buch ganz unterschiedliche Marken mit interessantem Hintergrund ausgewählt. Vom Underdog bis zum Big Player ist alles mit dabei. Natürlich ging es dabei auch um unsere persönlichen Vorlieben. Aber ein knallhartes Kriterium gab es auch bei uns: Der Gin muss auf dem deutschen Markt erhältlich sein (und das bedeutet für euch, sollte euch beim Durchstöbern der Gin-Porträts der Durst überkommen: kein Problem! Der nächste Gin eurer Wahl ist ganz in eurer Nähe).

Der Gin-Markt ist dynamisch, vielfältig und launisch. Jede Woche tauchen neue Gin-Marken auf, andere tauchen wieder ab, sodass wir früher oder später eine aktualisierte 2. Auflage herausbringen werden müssen – wollen!

Dieses Buch ist eine große, intime, persönliche und für euch hoffentlich inspirierende Entdeckungsreise. Lasst uns gemeinsam in die Welt des Gins eintauchen. Nehmt dieses Buch als Handbuch, als Leitfaden, als Lehrmeister, als Inspirationsquelle oder auch als guten Freund, der – wann immer ihr ihn braucht – einen guten Rat, ein paar hilfreiche Tipps und erstklassige Rezepte für euch parat hat.

Hier erfahrt ihr alles, was ihr über Gin wissen wollt: Ihr findet Rezepte für euren eigenen Handmade Gin, eine Anleitung für ein legendäres Tasting, ihr erfahrt, was es mit Gin und mit Tonic auf sich hat, welche Botanicals es zu entdecken gibt, wie man einen Gin & Tonic optimieren kann und was die Zukunft für die wahrscheinlich beste Spirituose der Welt bereit hält.

Macht euch auf eine unvergessliche Reise. Nehmt Freunde, Familie und Bekannte mit und habt Mut, zu experimentieren. Denn bei Gin & Tonic gibt es keine Matrix – nur Entdeckergeist!

In diesem Sinne...
Eine inspirierende Entdeckungsreise wünschen euch
Tom & Victor

"

Dieses Buch widmen wir all den Lesern, denen Gordon's, Tanqueray & Co einfach nicht genug sind. Cheers!

1

HERSTELLUNG

HOW TO MAKE A GREAT GIN ODER WIE WIRD GIN GEMACHT?

Jeder sanfte Gin hat eine harte Vergangenheit

Mit Fotos aus der Brennerei Ehringhausen

Die Zutaten

BeGINnen wir am Anfang (und wir haben uns geschworen, auf diese albernen und schon total durchgekaute Gin-Wortspiele zu verzichten!), und zwar mit den Basiszutaten, die man benötigt, um einen Gin herzustellen.
Das wäre hochprozentiger, fast reiner Alkohol. Vater Alkohol hat ein sehr strenges Händchen in der Herstellung, mit einem Aggressionsgehalt von harten 96 % – also don't drink and try before it's Dry. Der Alkohol wird in der Regel aus Getreiden wie Gerste, Roggen, Mais oder Weizen gewonnen – manchmal auch aus Zuckerrüben, Melasse und Kartoffeln. Nichts geht ohne Wacholder: Juniperus (Latein) ist eine festgelegte Zutat für einen Gin. Ohne Wacholder ist es kein Gin. Ein Gin muss einen Alkoholgehalt von mindestens 37,5 % haben.

Wie aber bekommt der Gin seinen charakteristischen Geschmack? Was macht Gin nicht einfach zu einem Schnaps wie Wodka und Co? Seine Botanicals. Die hauchen ihm erst die komplexen Noten ein und machen ihn zu einem Geschmackserlebnis, das man genießen kann und nicht runterstürzen muss. Ein Botanical, das in keinem Gin fehlen darf, ist der Wacholder. Oft kommen dann auch noch Orangen, Limetten- und/oder Zitronenschalen mit rein. Aber auch Gewürze, Pflanzen, Kräuter, Blüten, Schalen und Beeren – whatever. Hier sind der Kreativität keine Grenzen gesetzt. Das ist gut, um immer wieder etwas geschmacklich Neues zu entdecken, aber so mancher Hersteller schießt ab und an mit seinem "außergewöhnlichen" Gin über das Ziel hinaus. Nicht Wasser oder Alkohol sind für einen guten Gin verantwortlich, erst die Botanicals machen aus einem Destillat

”
Mischen is possible

einen großartigen Gin. Mit den Botanicals wird jeder Gin geschmacklich orchestriert, bis er die gewünschte leichte, hohe, tiefe, erdige, fruchtige oder trockene Note bekommt.

Die Mischung

Hier macht nicht der Ton die Musik, hier machen die Botanicals den Geschmack: Je nachdem, wie die Mischung der Botanicals ausfällt und komponiert wird, entscheidet sich das finale Aroma, die geschmackliche Komplexität und die Textur des Gins. Einige Destillateure schwören in der Herstellung auf Minimalismus und zaubern mit 5–10 Botanicals einen erstklassigen Gin, andere kreieren eher nach dem Motto "mehr ist mehr" und pimpen ihren Gin mit 30 bis 50 oder mehr Botanicals. Jedes Jahr, ach was, jeden Monat werden neue "außergewöhnliche" Botanicals "entdeckt", um den eigenen Gin von allen anderen abzusetzen. Heute, sagt man, werden wohl über 100 verschiedene Botanicals für die Gin-Herstellung verwendet – gewöhnliche und bekannte Zutaten und ungewöhnliche und völlig unbekannte Botanicals. Die Frage ist: Wo wird das noch hinführen? In ein Gin-Zeitalter, in dem wir voller Begeisterung ständig Neues entdecken, oder in dem wir uns gelangweilt von der gigantischen Flut an neuen Gins abwenden und nach einem neuen Lieblingsgetränk suchen? We will see.

Aber wie genau kommt der Geschmack der Botanicals in den Gin? Dafür hat man verschiedene Methoden erfunden, geprüft und für erfolgreich befunden. Diese wären:

// *Mazeration* // *Digestion* // *Perkolation*

Äh – wie bitte? Genau, darum klären wir mal ganz kurz auf:

Aller guten Dinge sind drei bei der Gin-Herstellung

Die Mazeration

Die Mazeration oder das Mazerieren klingt wie malträtieren und tatsächlich ist es nicht weit davon entfernt. Es ist lateinisch und bedeutet: mürbe machen oder auch quälen. Bei der Gin-Herstellung aber passiert den Botanicals das Beste, was ihnen vielleicht passieren kann: Sie werden meistens zerkleinert oder gepresst in einen großen Bottich gegeben und so für mehrere Tage oder Wochen in Alkohol gelagert. Von Quälen also keine Spur. Mürbe machen? Vielleicht ein bisschen. Aber dafür haben die Botanicals eine große, ruhmvolle Zukunft und landen als begehrtes Genussmittel für Ginliebhaber in einer hübschen Flasche. Durch die Mazeration geben die Botanicals ihr Aroma an den Alkohol ab. Danach wird das Destillat gefiltert, verdünnt und direkt abgefüllt.

Die Digestion
Bei der Digestion, der bekanntesten Methode, geht es im Gegensatz zur Mazeration etwas heißer zu: Wie bei der Mazeration kommen die Botanicals zusammen mit dem Alkohol in einen Bottich. Dann wird ihnen ordentlich eingeheizt – auf ca. 70 Grad. So werden ätherische Öle und Aromen aus den Botanicals gelöst.

Die Perkolation
Die Methode ist weniger verbreitet. Die Perkolation wird auch als Dampfextraktion bezeichnet. Weil die Botanicals in einen sogenannten Geistkorb (Botanical-Tray) mit Siebeinsatz gefüllt werden, der über der Brennblase in den Geisthelm eingehängt wird. Das Besondere dabei: Diese Botanicals kommen nicht mit dem flüssigen Alkohol in Berührung, nur mit den Alkoholdämpfen, und werden so aromatisiert. Eine Art Sanftgaren. Dadurch ergeben sich besonders feine Noten. Manche Ginhersteller kombinieren auch gern die Mazeration und die Perkolation-Methode miteinander.

Digestion, Mazeration, Libération… Perkolation!

Die einen Gin-Macher schwören auf die *Perkolation*, die anderen auf die *Digestion* und wieder andere stellen verschiedene Gin-Varianten her, wofür sie die *Mazeration* und die *Perkolation* kombinieren oder die *Digestion*. Wie auch immer, wichtig bei jeder Methode ist, so perfekt wie möglich die Aromen der Botanicals in den Gin zu übertragen. Das ist echtes Handwerk und echte Kunst. Dann gibt es noch das gewisse Extra, das sich einige Gin-Macher nicht nehmen lassen: Sie aromatisieren im Nachgang den Gin mit ausgewählten Essenzen. Dafür kommen natürliche Botanicals erst nach der Destillation dazu. Beim Hendrick's Gin sind das zum Beispiel Rosen- und Gurkenessenzen. Ja, die besten Gin-Macher machen es sich schwer, damit wir es leichter haben, unseren Lieblings-Gin zu finden. Oder wird es dadurch nicht noch schwerer, weil es immer mehr und mehr großartige Gins gibt …? Auf jeden Fall verneigen wir uns vor der Kunst, einen großartigen, wohl orchestrierten Gin herzustellen **– wir heben unser Glas auf die Digestion, Mazeration, Libération… äh… Perkolation!**

JUMO
°C

EHRINGHAUSEN

"

Noginophobia: die weit verbreitete Angst vor der leeren Flasche Gin.

*– **Unbekannt***

EINE REISE UM DIE WELT DER GINS IN 7 SORTEN

Gin ist nicht gleich Gin. Obwohl die Geschichte des Gins relativ weit zurück reicht, gab es früher nicht annähernd die vielfältige Auswahl an Gins, die wir heute genießen dürfen. Die Geschichte geht sogar bis zu einer Zeit, da gab es nur eine Sorte: Genever – der Urvater des Gins. Aber heute ist der Gin so vielfältig wie seine Genießer. Und zum Glück gibt es für jeden noch so anspruchsvollen Gin-Gaumen den passenden Gin. Wer sich mit Gin und seinen Sorten noch nicht so gut auskennt, bekommt hier einen Fahrplan für seine Gin-Geschmacksreise. Am besten ist, nicht auf das zu hören, was andere sagen, sondern immer auszuprobieren. Das macht nicht nur Spaß, es ist auch interessant, sich mit den verschiedenen Gin-Sorten zu befassen. So könnt ihr herausfinden, welcher Gin-Typ ihr seid.

1. London Dry Gin

Bezeichnet die klassische Herstellungsmethode des Gins. Damit hat alles angefangen – in England. Bei der London-Dry-Gin-Variante dominiert die Wacholdernote und es ist die reinste Variante des Gins. Ein Gin, der nach der London-Dry-Gin-Methode hergestellt wird, kann von überall herkommen: aus Deutschland, der Schweiz, Spanien, Italien, Amerika – woher auch immer. Aber was der Gin erfüllen muss, um als London Dry Gin durchzugehen, ist Folgendes: Der Gin muss destilliert werden. Zugabe von Farbstoffen, künstlichen Aromen oder Zucker ist verboten. Die Botanicals für den Gin müssen während der Destillation zugegeben werden. Für manche Hersteller ein enges Korsett, um der eigenen Kreativität freien Lauf zu lassen, aber auch ein guter Rahmen, um mit Handwerk, Kreativität und minimalistischen Mitteln ganz Großes zu kreieren.

2. Dry Gin

Bezeichnet ebenfalls die Herstellungsmethode des Gins und auch bei dieser Variante wird der Gin mit seinen Botanicals destilliert. Der Unterschied zur London-Dry-Gin-Variante: Beim Dry Gin dürfen nachträglich naturidentische Aromen und Farbstoffe und Zucker zugesetzt werden. Auch verschiedene Brände dürfen vermischt werden. Im Gegensatz zum London Dry Gin haben hier andere Botanicals die Möglichkeit, den traditionellen Wacholder etwas in den Background zu drängen. Für Gin-Genießer, die ihren Gaumen ab und an mal auf geschmacklich komplexe Abwege leiten wollen, ist das eine sehr gute Möglichkeit, neue Nuancen zu entdecken. So let's try a Dry Gin.

3. New Western Dry Gin

Die New-Western-Dry-Gin-Variante bezeichnet nicht die Herstellungsmethode, sondern eine geschmackliche Kategorie. Hier spielt nicht unbedingt die Wacholdernote die Hauptrolle. Bei dem New Western Dry Gin haben auch Botanicals wie Zitrusfrüchte, Kräuter oder Gewürze die Möglichkeit hervorzustechen und dem Gin seine dominante Note zu verleihen. Gut für Gin-Genießer, die dem Wacholder nicht ganz so zugeneigt sind. Oder für alle, die einfach nicht immer den gleichen Gin trinken wollen. Good to know: Hergestellt wird der New Western Dry Gin genau so wie ein Dry Gin.

4. Sloe Gin

Man denkt sofort an Slow Gin, also behutsam hergestellter Gin. Ist es aber nicht. Sloe bedeutet übersetzt Schlehen-Gin. Aber Zeit bekommt er trotzdem: Für den Sloe Gin werden rote Schlehenbeeren tage- oder wochenlang in Gin eingelegt. Hier wird also nicht destilliert, sondern angesetzt. Wenn wir kleinlich wären (was wir aber nicht sind), würden wir sagen, der Sloe Gin ist gar kein Gin, sondern ein Likör auf Gin-Basis, weil der Alkoholgehalt unter 37,5 % liegt und Zucker hinzugefügt wird. Aber zum Glück sind wir nicht kleinlich, sondern Freunde des guten Geschmacks und ein guter Sloe Gin ist ein guter Sloe Gin ist ein guter Sloe Gin. Meistens sehr fruchtig, komplex, mit einem angenehm langen Abgang.

5. Plymouth Gin

Eine Herkunftsbezeichnung, die früher einmal geschützt war. Für den Plymouth Gin werden intensive Botanicals und weniger Wacholder verwendet. Darum schmeckt er meistens eher mild, erdig, süßlich-fruchtig und hat oft einen langen, angenehmen Abgang. Wie es der Name schon sagt, ist die Herstellung geknüpft an ihren Standort. Nur ein Gin, der innerhalb der Stadtgrenzen von Plymouth destilliert wurde, darf sich auch so nennen. Heute gibt es nur noch eine Destillerie, die den Plymouth Gin nach dem ursprünglichen Rezept herstellt: die Black Friars Distillery in Plymouth – England – und das bereits seit 1793.

6. Old Tom Gin

Dieser Variante wird etwas Zucker hinzugefügt. Das Ergebnis ist eine spezielle Gin-Variante mit einem süßlichen Geschmack und einer oft wunderschön gelb-goldenen Farbe. Könnte auch Whisky sein, ist aber Gin, ein Gin für Genießer, die gerne ausprobieren und mischen. Denn die Old-Tom-Gin-Variante ist ideal für Cocktails, aber weniger geeignet als ein Dry Gin für den perfekten Gin & Tonic. Einmal im Leben eines Gin-Genießers sollte man einen guten Old Tom Gin probieren – und wer weiß, sich dabei vielleicht sogar verlieben, wie es gerade die New Yorker und Londoner tun? Dort ist der gute alte Old Tom Gin in der Barszene gerade wieder voll am Kommen und genießt bereits große Beliebtheit. Old Tom Gin, wann hältst du endlich Einzug in Berlin?

7. Bathtub Gin

Der Name sagt es schon: Diese Gin-Variante wurde früher schwarz und heimlich in der eigenen Badewanne hergestellt. Das ging so einfach und schnell, dass der Gin-Nachschub reibungslos verlief. Dafür brauchte es nicht viel – nur ein wenig Experimentierfreude und eben eine Badewanne. Geschmacklich ist er natürlich von den heutigen Gin-Sorten weit entfernt und man verzichtet bei der Herstellung auf eine Badewanne. Aber auch derzeitig wird die Technik der kalten Mazeration angewendet. Dafür werden – genau wie früher – Kräuter und Pflanzen klein geschnitten, gehackt oder gepresst und in Alkohol eingelegt. Die Aromen der Botanicals lösen sich und verbinden sich mit der klaren Spirituose. Nach ein paar Tagen oder Wochen, je nachdem, welchen Anspruch man an das Destillat hat, ist der Gin fertig.

That's it.

Einfach, einfallsreich und früher sehr erfolgreich. Heute eher unpopulär bei den Genießern, aber bei den Machern, die ihren ersten eigenen Gin herstellen wollen, ein Hit. Weil – das liegt auf der Hand – es einfach ist und eine Badewanne hat auch fast jeder zu Hause. Die Frage ist nur: Wer will den Gin danach auch trinken? Gut, dass es auch experimentierfreudige Gin-Anfänger gibt, die nicht nur genießen, sondern auch kreieren wollen. Good luck in the bathtub!

Die Suche nach dem besten Gin der Welt

Und dann gibt es noch etwas ganz Besonderes... wer dem Whisky nicht abgeneigt ist, der wird Gefallen finden an einem großartigen Barrel Aged Gin. Diese Sorte Gin verlangt viel Ruhe und Zeit und bekommt sie auch. Lange bis sehr lange darf das Destillat in Holzfässern reifen, wo der Gin und seine Botanicals sich so richtig schön entfalten können. Das Ergebnis: Ein charaktervoller Gin, in den sich auch Whisky-Liebhaber verlieben...

Wie auch immer, es gibt viele Sorten und noch mehr Gins. Welche darf es für den Gaumen sein? Stopp – bevor ihr die Frage für euch beantwortet beantwortest – ihr müsst euch gar nicht auf eine einzige Sorte festlegen. Wir schauen auf Netflix ja auch nicht immer nur die eine Serie an. Es gibt unsere Lieblingsserien und andere Serien, die vielleicht speziell sind, aber auch ihren Reiz haben. Manchmal entscheidet die Stimmung, die Jahreszeit, euer Gaumen oder der Bartender eures Vertrauens. Oder wie es der große, leider schon verstorbene Anthony Bourdain gesagt hat: Der beste Wein ist der, der dir am besten schmeckt. Das gilt nicht nur für Wein, das gilt... für alles, auch für den Gin.

Also: Der beste Gin der Welt ist immer der, der euch am besten schmeckt. Punkt. Und wie findet ihr diesen Gin? Ausprobieren, experimentieren, testen, vergleichen. Lasst euch führen, hört auf euren Gaumen und auf eure Zunge: Eure Geschmacksknospen werden euch leiten.

In diesem Sinne: Viel Freude und Genuss beim Entdecken!

SIPSMITH
London
CHAMBORD
No 2

EINE REISE DURCH DIE WELT DER WICHTIGSTEN BOTANICALS

Wacholderbeere

Die Queen der Botanicals

Wacholder muss im Gin enthalten sein. Sonst ist es kein Gin. Alle anderen Botanicals stehen jedem kreativen Destillateur zur freien Verfügung. Da kann man auf Botanicals zurückgreifen, die andere auch für ihren Gin nutzen, oder auch welche, die noch niemand für einen Gin verwendet hat. Der Kreativität ist beim Gin und seinen Botanicals keine Grenzen gesetzt. But why? Warum gerade Wacholder? Warum nicht Erdbeere, Blaubeere oder Pflaume?
Zusammengefasst: Der Wacholder harmoniert einfach am besten mit allen anderen Botanicals.

Viele der Inhaltsstoffe im Wacholder kommen auch in anderen Kräutern, Früchten und Gewürzen vor. Wacholder und seine Inhaltsstoffe sind eine Art Geschmacks-Wunderwaffe, die wahnsinnig viel an Inhaltsstoffen mitbringt und auf andere Botanicals wie eine Art natürlicher Geschmacksverstärker und Verteiler wirkt. Hier hat Mutter Natur also ein aromatisches Meisterwerk erschaffen. Lasst uns das nicht vergessen und bei jedem Schluck Gin dankbar dafür sein. Ein Gin ohne Wacholder, das ist wie Sherlock Holmes ohne Watson, die Beatles ohne Lennon oder wie House of Cards ohne Kevin Spacey.

Ceylon-Zimt & Cassia-Rinde

Zimt ist eines der ältesten Gewürze der Welt. Früher war es eine edle Rarität und deswegen kostbar und teuer. Es wurde sogar als Duftstoff aufgetragen. So wie wir heute Parfum von Jil Sander oder Chanel einsprühen, haben sich die Menschen früher vor einem Date oder zu einer Veranstaltung mit Zimtöl beträufelt.
Man sagt ja, Zimt sei ein Aphrodisiakum und hat eine stimulierende Wirkung. Vielleicht wollte man damals mit dem Zimtöl nicht nur gut riechen, sondern auch "locken"?

Ceylon Zimt – Der bescheidene Star unter den Botanicals

Der Ceylon-Zimt wird aus der Rinde des Ceylon-Zimtbaumes gewonnen. Leider wachsen diese prächtigen Bäumchen nicht bei uns, sondern auf Sri Lanka, Java, den Seychellen, in Ägypten, Brasilien und der Karibik. Sie wachsen also dort, wo andere am liebsten Urlaub machen. Gewonnen wird der Zimt aus der dunklen, fast schwarzen Rinde des Zimtbaumes. Wer die Möglichkeit hat, sollte mal an solch einem frischen Stück Rinde riechen – was für ein unglaublich zimtiges Aroma. Der fein-bittere, süßliche Geschmack von Zimt ist in den meisten Gins eher subtil zu schmecken. Bei einem komplexen Zusammenspiel von mehreren Botanicals kann sich der Zimt oft nicht durchsetzen. Als Botanical ist er also ein

eher selten anzutreffender Supporter, bleibt mit seinem Aroma bescheiden im Hintergrund und überlässt den kräftigeren Botanicals – wie Ingwer, Wacholder und Kardamom – die große Aroma-Bühne.

Cassia-Rinde – Die raue Unbekannte aus Fernost

Die Cassia-Rinde ist eine Pflanze, die verwandt ist mit dem Zimt. Sie kommt aus China und wird dort auch in der alternativen Medizin als natürliches Heilmittel eingesetzt. Aus einer einzelnen, dicken Rindenschicht wird die bekannte, getrocknete Zimtstange gerollt. Die Zimtstange ist bei den Gin-Genießern im Kommen – vielleicht ist sie aber auch schon lange angekommen: Was man immer häufiger beobachten kann, ist die Zimtstange im Gin & Tonic statt der Zitrone oder der Limette. Passt aber nicht zu jedem Gin.

Zitrusfrüchte

Was andere wegwerfen, ist das Beste, was einem Gin passieren kann

Trocken ist gut, frisch und fruchtig aber macht trocken noch besser. Darum schwören so viele Gin-Genießer auf einen trockenen klassischen Gin mit einer fruchtig-frischen Note. Dafür braucht es den Support unserer fruchtigen Botanicals wie Orange, Zitrone und Limette. Was andere wegwerfen, ist das Beste, was einem Gin passieren kann: die Schale von Zitrusfrüchten. Die Schale enthält neben der frisch-fruchtigen Note intensiv-aromatische Öle, die einem trockenen oder würzigen Gin eine wunderbar frische Note verleihen.

Bei Orangen und Orangenschalen ist es üblich, dass diese in Alkohol eingelegt werden und für mehrere Stunden oder auch Tage mazerieren, um ihre Aromastoffe abzugeben. Was Zitronen betrifft, setzen viele Macher einfach ganz auf die Frucht. Die Zitrusnoten verleihen einem Gin einen frischen, sommerlichen Geschmack und machen den Wacholderschnaps zugänglicher, komplexer und gehaltvoller. Die Limette verleiht einem Gin eine noch exotischere und frischere Note – aber auch einen extra fruchtig-sauren Geschmack. Wacholder und Limetten sind aufgrund ähnlicher Inhaltsstoffe ein match made in heaven. Als Garnitur ist die Limette sowieso grandios und ohne Konkurrenz.

Die Mandel

Der Joe Pesci unter den Botanicals

Lassen wir mal kurz den kleinkarierten Klugscheißer raushängen: Mandeln sind keine Nüsse, es sind Früchte. Ja, richtig gehört – genau genommen sind Mandeln die Samen eines Baumes. Und Mandeln (Bittermandeln) spielen als Botanical für das Aroma im Gin eine sehr wichtige Rolle: Sie sind DIE Nebendar-

steller – die Joe Pescis unter den Botanicals. Ist nicht vielen bekannt, ist aber so, auch wenn es keinen Gin gibt, der wirklich nach Mandeln schmeckt. Muss er auch nicht. Aber ein Grund, warum ein Gin schmeckt, wie er schmeckt, ist die Mandel, die dem Wacholderschnaps eine feinherbe, süßliche und ölige/buttrige Textur verleiht und die anderen Botanicals hervorhebt – ein Botanical-Pimper sozusagen. Aber auch das schwingt eher unterbewusst mit und ist aufgrund der Vielzahl der Botanicals nicht wirklich herauszuschmecken. Die Mandeln, keine Hauptdarsteller, aber großartige Nebendarsteller, die den Star des Gins – den Wacholder – brillieren lassen. Oder was wäre De Niro in Good Fellas oder Casino ohne Joe Pesci?

Koriander

Angelika, Wacholder, Koriander – das Dream-Team der Botanicals

Vor einigen Jahren noch eher exotisch hierzulande, wird er mittlerweile auf der ganzen Welt angebaut. Koriander zählt zu den ältesten Küchenkräutern und kommt ursprünglich aus Vorderasien, dem Mittelmeerraum und Nordafrika. Wie der Fenchel gehört der Koriander zur Pflanzenfamilie der Doldengewächse. Er enthält extrem viele gesunde Nährstoffe und ätherische Öle. Darum galt der Koriander früher als Heilpflanze, die wahre Wunder bewirken konnte. Kann sie heute auch noch – als wunderbar aromatisches Botanical im Gin.

Aber für den Gin werden meistens nicht die Blätter, sondern die Samen des Korianders verwendet. Geht es darum, dem Gin eine frisch-würzige Note zu verleihen, kommen die Koriandersamen zum Einsatz und verleihen dem Gin einen dezenten und trotzdem unverkennbaren fruchtig-würzigen Unterton. Was die Zugabe von Zitrusfrüchten noch unterstützt. Zusammen mit dem Wacholder und der Angelikawurzel bildet der Koriander ein Dreigestirn der Top-Botanicals. Ein echtes Dream-Team.

Iriswurzel

Früher mystisch und magisch – heute lebt ihr Geist im Gin weiter

Iris, bei uns besser bekannt unter dem nicht ganz so griffigen Namen Schwertlilie, ist ein beliebtes und bei vielen Gin-Machern willkommenes Botanical. Oft in Kombination mit Engelwurz (Angelikawurzel, neben der Wurzel kommt auch das Rhizom zum Einsatz). Was zeichnet die Schwertlilie aus? Ihr unverkennbarer Duft nach Lilie, feuchter Erde und einem Aroma von – wie sagen wir das am besten ... alt? Uralt? Ein urzeitlicher Geschmack? Nicht modrig, nein, eher weise, so als hätte sich das gesamte Aroma der Weltgeschichte in ihrer Blüte verfangen. Aber auch sie ist ein eher dezenter Sidekick unter den vielen anderen Botanicals, mit denen sie sich den Platz für das Aroma teilen muss. Meistens im klassischen London Dry Gin oder modern im New Western Dry Gin. Früher galt die Iriswurzel als mystische, magische Pflanze, heute verleiht sie dem Gin eine mystische, blumige Note – der viele Gin-Gaumen rund um den Globus verfallen sind.

Die Beere

Stößt den Wacholder nicht vom Thron, stiehlt ihm aber die Show

So beliebt Beeren als Frucht im Allgemeinen sind, so beliebt sind sie im Gin: Blaubeeren, Erdbeeren, Johannisbeeren, Himbeeren, Brombeeren, Braunbären – sorry, den konnten wir uns nicht verkneifen. Aber im Ernst: Beeren finden sich immer mehr in verschiedenen Gins wieder. Tendenz steigend. Beeren schmecken meist süßlich oder säuerlich und können in so manchen Gins dem Wacholder schon mal die Show stehlen, wie im BROCKMANS Gin aus London. Bei ihm spielt nicht der Wacholder die Hauptrolle, sondern die Blaubeere und die Brombeere. Dass es hier anders läuft, als man es vielleicht gewohnt ist, macht BROCKMANS Gin schon mit seinem Motto klar: A Gin like no other.. Und es stimmt. Hier machen die Beeren den Unterschied und der Wacholder wird degradiert zur Nebenrolle. Aber anders kann sich lohnen: schmeckt schön beerig, fruchtig und komplex. Die Beere spielt für die kommenden modernen Gins eine entscheidende Rolle. Vielleicht wird sie den Wacholder nicht vom Thron stoßen, aber wahrscheinlich immer öfter die Show stehlen. Wir sind gespannt.

Angelika (Engelwurz)

Der Geschmacksverstärker von Mutter Natur

Die Angelika ist neben Koriander und Wacholder wichtigstes Botanical im Gin überhaupt. Ohne Angie gäbe es heute nicht so viele Gin-Sorten und viel weniger Gin-Genießer. Angelika oder auch Engelwurz kommt im Gin fast genauso häufig vor wie die Queen der Botanicals selbst – die Wacholderbeere. In der Volksmedizin geschätzt, wird Angelika gegen Magen- und Darmbeschwerden (Gin-Genießer leben gesünder) eingesetzt. Früher wurde sie sogar gegen dunkle Magie benutzt. Man war von ihrer heilenden Wirkung so überzeugt, dass man sie sogar im Kampf gegen die Pest verwendet hat, wenn auch ohne Erfolg. Als Botanical im Gin ist Angie aber ein großer Erfolg. Meistens wird die Wurzel der Pflanze im Gin verwendet. Manchmal auch die Samen, Sprossen oder die Blüten. Was macht aber Angie mit unserem Gin jetzt genau? Wir sagen es euch: Sie verleiht eurem Trinkvergnügen die bitter-süß-würzige Note, die wir wohl alle in unserem Gin sehr schätzen und genießen. Also: Auf Angie und einen der besten natürlichen Geschmacksverstärker, den uns Mutter Natur geschenkt hat. Da fällt uns gerade auf...

Angie, Angie
Where will it lead us from here
Oh, Angie, don't you wish
Oh, your kisses still taste sweet
I hate that sadness in your eyes
But Angie
Angie

Hat Mick Jagger in Wahrheit vielleicht sogar diese Angie besungen? We'll never know, but – cheers, Angie!

2

STORIES

DIE GIN-STORY

Die Suche nach dem Wunderheilmittel

Es ist das frühe 17. Jahrhundert. Der in Hanau geborene Francois de la Boë studiert in der kleinen Stadt Leiden in der niederländischen Provinz Südhollands. Dort widmet sich der angehende junge Mediziner seinen Studien. Voller Forscherdrang und Experimentierfreude stürzt er sich in die Suche nach einer neuartigen Medizin und mischt Wacholder mit Alkohol. Das ist nicht ganz neu. Ganz und gar nicht. Ähnliche Experimente wurden schon 1000 Jahre nach Christi Geburt an der medizinischen Lehr- und Forschungsanstalt in Salerno durchgeführt, eine der ältesten Universitäten Europas.

Schon damals war der Wacholder für seine positive und heilende Wirkung bekannt. Wenn Wacholder in der Lage ist, Sodbrennen, Verdauungsstörungen und Harnprobleme zu lindern, dann ist die Wunderpflanze vermutlich noch zu viel Größerem fähig, denkt de la Boë. Dem jungen Studenten erscheint es nur logisch und sehr vielversprechend, diesen Weg weiter zu verfolgen. Intensiver und genauer als seine Vorgänger. Ja, er würde nicht eher aufgeben, bevor er mit seinem Experiment erfolgreich wäre. De la Boë entwickelt die Wacholder-Alkohol-Mischung und gibt weitere Pflanzen hinzu.

Von der Manie zum Meilenstein in der modernen Medizin

De la Boë ist fasziniert von seinem Experiment und arbeitet wie besessen weiter, oft bis zum frühen Morgen. Dann wandelt er völlig übermüdet, aber zuversichtlich durch die Innenstadt von Leiden, vorbei an den Grachten und den Kanälen, in denen das dunkle Wasser gegen die Stadtmauern schwappt. Mit dem Kopf voller Gedanken an sein Experiment lässt er sich ziellos durch die Gassen treiben. Bemerkt kaum die ersten Passanten, die an ihm vorbeieilen, auf ihrem Weg zur Arbeit oder zum Markt. Die Absätze seiner einzigen Schuhe klappern rhythmisch zu den Gedankenblitzen in seinem Kopf. Eine Symphonie, die das Flackern seines Schattens an den Häuserfassaden begleitet. Bis die lauten Glocken des Kirchturms ihn aus seiner Gedankenwelt herausreißen und er sich auf den Weg macht zurück zur Universität.

Zuversichtlich feilt er die nächsten Wochen an seiner Wacholder-Kreation und tauft sie eines Nachts auf den Namen Genever – abgeleitet von dem lateinischen Namen des Wacholders: Juniperus. Nach seinem erfolgreichen Abschluss an der Universität macht er sich als Mediziner selbständig und verabreicht seinen ersten Patienten seinen Genever, um deren Magenbeschwerden und Nierenerkrankungen zu bekämpfen. Mit seinen Ergebnissen und Erkenntnissen aus den Experimenten und deren positiven Auswirkungen auf die moderne Medizin begründet de la Boë die naturwissenschaftliche Medizin und die klinische Chemie. Seine Aufzeichnungen und Ergebnisse sind ein Meilenstein in der modernen Medizin.

Sogar Kinder lieben den Genever

Unterdessen schlägt seine Medizin bei den Patienten an – vor allem geschmacklich. Kaum eine andere Medizin wird von ihnen so begrüßt, denn die meisten anderen Tinkturen und Aufgüsse schmecken grässlich. Aber dieses Heilmittel, das dieser junge Arzt hier entwickelt hat, wird wegen seines hervorragenden Geschmacks und, ja, auch wegen seiner heilenden Wirkung sehr geschätzt. Seine Patienten sind – ohne es zu wissen – Gin-Fans der ersten Stunde und ebnen dem Gin seinen Siegeszug. Die Medizin erobert die Stadt wie im Sturm – ach was, wie ein Tornado fegt sie über Leiden hinweg. Jeder schluckt schon binnen Kurzem die Medizin – den wohltuenden Genever aus Leiden. Bald darauf eilt sein guter und heilender Ruf über die Stadtgrenzen hinaus und erobert die Niederlande. Der Bedarf nach de la Boës Wunderheilmittel steigt so rasant an, dass Apotheken die Nachfrage kaum mehr abdecken können. De la Boë grübelt, wandelt durch Leiden, vorbei an den Grachten und den Kanälen, lauscht dem dunklen Wasser und dann hat er die Idee, wie er seine Patienten mit dem dringend benötigten Genever versorgen kann.

De la Boë besucht umliegende Brennereien und stellt ihnen erfolgreich seine Idee vor. Man beginnt mit der Herstellung und damit ist die industrielle Produktion des Genever geboren. Aber noch eine andere Tatsache spielt de la Boë bei der Verbreitung seiner "Medizin" in die Hände und in die Gaumen der Patienten (Gin-Genießer): Der Handel nimmt zeitgleich rasant zu. Es werden immer mehr Boote gezimmert, man baut die Handelstätigkeit zu anderen Ländern aus und den Rest tut der Niederländisch-Spanische Krieg: Durch die bereitwillige Unterstützung englischer Soldaten – die von dieser "Medizin" ebenfalls sehr angetan sind – gelangt der Genever in Kürze und in rauen Mengen auf die britischen Inseln, wo er bald darauf liebevoll auf den Namen "Gin" getauft wird.

„
1740 trinkt jeder Engländer – Kinder eingeschlossen – durchschnittlich einen halben Liter Gin am Tag.

© Danilo Schubert

Von hier aus erobert die "Medizin" ganz England – aber fortan an als das, was die Medizin in Wahrheit auch ist: eine wunderbar köstliche Spirituose, die vielleicht keine Wunderheilung vollbringen kann, dafür aber herrlich trunken und glückselig macht. 1740 trinkt jeder Engländer – Kinder eingeschlossen – durchschnittlich einen halben Liter Gin am Tag.

Die Eroberung der Welt

Aus den Patienten – männlich oder weiblich, ganz egal – werden leidenschaftliche Trunkenbolde. In kürzester Zeit verfällt das finstere England dem Dauersuff. Kaum ein Engländer hat noch irgendwelche Krankheitssymptome, dafür sind so gut wie alle Bürger durchgehend besoffen. Das geht nun doch zu weit. Man versucht, die Gin-Herstellung zu regulieren. Das Gesetz erfreut Schwarzbrenner, in ihrem Hobby und ihrer Leidenschaft ihre Berufung zu finden. 1743 verschärft man die Vorschriften weiter. Ohne Erfolg. Es wird immer mehr Gin ohne Lizenz gebrannt.

Bevor der Gin sich später zu einem qualitativ hochwertigen Produkt und zu einer der beliebtesten Spirituosen weltweit entwickelt, sollte noch einige Zeit vergehen, in der weitere Verbote und Reglementierungen verhängt werden. Aber das ist eine andere Geschichte, von der ihr Auslöser und der Erfinder des "Gins" de la Boë nichts mehr mitbekommen wird.

DIE TONIC-STORY

Das Jahr der großen Entdeckung

... ist nicht mehr genau zuzuordnen. Es muss wohl zwischen 1620 und 1630 gewesen sein. Aber was machen schon 10 Jahre aus in einer Zeit, die fast 400 Jahre zurück liegt?

Im 17. Jahrhundert also werden spanische Jesuiten "im Auftrag Gottes" zur Eroberung Südamerikas ausgesandt, wo sie der indigenen Bevölkerung zu ihrem Glück verhelfen und sie missionieren sollen. Noch angetan vom Besuch der Spanier bieten die peruanischen Inkas ihren Gästen kleine Schätze und Kostbarkeiten an. Darunter auch die Rinde des sogenannten Chinarinden-Baumes (Cinchona pubescens). Die Spanier fragen sich zuerst, was es mit dieser seltsamen Rinde auf sich hat und was sie damit anfangen sollen. Stolz machen die Inkas sie auf die heilsame Wirkung der Rinde aufmerksam. Erst skeptisch, werden die von Gott ausgesandten Spanier jedoch schon bald von der heilenden Wirkung dieser Rinde überzeugt.

Wettlauf mit der Zeit und hoffen auf ein Wunder

1638 erkrankt die Countess of Chinchon, Ehefrau des nun amtierenden Vizekönigs von Peru, an Malaria. Man verabreicht ihr Tinkturen und Pulver. Keine Medizin hilft. Die Zeit wird knapp. Wenn man nichts findet, was der Frau hilft, wird sie in wenigen Tagen tot sein. Fast schon vergessen, kramt man die Rinde hervor. Was ist das?, fragt der Vizekönig. Die Rinde des Chinarinden-Baumes, antwortet man ihm. Er hat... er soll eine heilende Wirkung haben. Der Vizekönig zögert, blickt auf seine sterbende Frau. Er nickt, macht eine kaum merkliche Geste mit dem Zeigefinger.

Man verabreicht der Countess of Chinchon das geriebene Pulver der Rinde. Die Wunder-Medizin schlägt an und die Vizekönigsgattin erholt sich schon bald voll-

Chinarinde

ständig von der Malaria. Das ist er Beweis für die heilsame Wirkung dieser Wunderrinde. Schon bald setzt man das aus der Rinde gewonnene Pulver erfolgreich zur Bekämpfung von Malaria und zur Fiebersenkung ein. Der Chinarinden-Baum wird zu Ehren der Countess of Chinchon umbenannt zu "Chinchona-Baum".

Eine schmackhafte Lösung für ein ungenießbares Problem

Das Timing könnte nicht besser sein für eine Medizin, die bei der Bekämpfung von Malaria hilft: Die Britische Ostindien-Gesellschaft benötigte große Mengen Chinin, um die britischen Soldaten vor den grassierenden Symptomen der Malaria zu schützen. Man schluckt die "bittere Pille" – das bittere Chinin-Pulver aufgelöst in Wasser – täglich als Prophylaxe. Bis ein vergesslicher, aber findiger Offizier auf die Idee kommt, wie man das bittere Pulver auch schmackhafter einnehmen kann.

Der Auslöser ist Vergesslichkeit. Während Offiziere und Soldaten bei ihrem abendlichen Gin zusammensitzen, fällt besagtem Offizier ein, dass er am Morgen vergessen hatte, das Chinin-Pulver zu schlucken. Dieser Geistesblitz ist der Auslöser: Er gibt das Pulver in seinen Gin, den er mit Sodawasser aufgefüllt hat, und trinkt das Glas in einem Zug leer. Man ist begeistert von diesem wahrlich grandiosen Geistesblitz und gibt von nun an das Chinin-Pulver in den allabendlichen Gin. Eine kreative und schmackhafte Lösung für ein ungenießbares Problem.

Eine kleine Idee erobert als Gin & Tonic die ganze Welt

Auch wenn zu diesem Zeitpunkt noch keiner wissen kann, was es mit dieser kleinen großen Idee auf sich hat – es ist die Geburtsstunde des original Gin & Tonic, der schon bald die Welt erobern sollte.

3

JOURNEY

Jeder gute Gin hat eine gute Geschichte: Die Gin-Porträts

Es gibt unglaublich viele Bücher zum Thema Gin. Über Marken, Sorten und Herstellung scheint in den meisten Büchern bereits alles gesagt, was es zu sagen gibt. Oder doch nicht? Nicht ganz. Wir glauben, dass hinter den besten Gins, auch großartige Geschichten stecken. Nach diesen Geschichten haben wir gesucht und was wir ausgegraben haben, findet ihr auf den folgenden Seiten. Ganz nach dem Motto –

"To hell with the facts! We need stories!"

.... des Dichters und Schriftstellers Ken Kesey – wollten wir kein weiteres Buch mit trockenen Gin-Facts machen. Die gibt es schon massenhaft. Auch wollten wir keine Texte über Gin-Marken schreiben, die jeder ganz leicht auf Webseiten oder Gin-Blogs finden kann. Natürlich fehlen auch in unserem Buch die Hard Facts nicht. Aber im Vordergrund steht bei ***Gin Inside*** immer die Geschichte des Gins und seiner Macher. Eine erlebbare Reise durch und in die Welt der Gins.

Die Wahrheit über die meisten Gin-Bücher ist doch die: Man verschenkt sie oder bekommt sie geschenkt, blättert zuerst begeistert darin herum, vielleicht noch ein zweites oder drittes mal, man zeigt es Freunden und dann verschwindet es im Buchregal, wo es verstaubt und wahrscheinlich nie wieder aufgeschlagen wird. Genau das wollten wir verhindern: Mit ***Gin Inside*** wollen wir euch auf jeder Seite unseres Buches etwas Neues erzählen und entdecken lassen. Unterhaltsame Gin-Porträts als Stories zum Vorlesen, Selbstlesen und austauschen. Das erste Gin-Buch, das man von vorne bis hinten durchlesen kann und will.

Dafür haben wir nach Geschichten gesucht, mit denen wir unsere Leser unterhalten, begeistern und inspirieren wollen – genauso, wie uns die Reise durch die Welt der Gins begeistert und inspiriert hat. Natürlich konnten wir nur einen Teil der herausragenden Gin-Marken aus aller Welt portraitieren, das ist uns klar. 100 Marken haben es ins Buch geschafft, aber zu entdecken gibt es noch viel mehr. **Die Hauptsorte der verschiedenen Gin-Marken haben wir für euch - sofern vorhanden - gold unterlegt.** Probiert aber gerne auch die anderen Sorten – es lohnt sich! Was ihr auf den nächsten Seiten findet, sind Gin-Marken die uns begeistert haben und die wir mit bestem Gewissen weiterempfehlen können und wollen.

In diesem Sinne: Genießt die abenteuerliche Reise durch die bunte Welt der Gin-Marken und ihre Geschichten – am besten bei einem Gin & Tonic!

”

Komplex wie Gin, weich wie Wodka, traditionell wie Korn.

//

KATEGORIE

Between Gin & Wodka

HERKUNFT

Deutschland

ENTSTEHUNG

2017

MARKENGRÖSSE

● ○ ○ ○

TASTING NOTES

13DB: *Die weiche Basis schafft der Getreidebrand aus Weizen und Gerstenmalz, 45 mal durch Glockenböden destilliert. Blüten, Zitrusfrüchte und Gewürze, dazu: Lavendel, Rosenblütenblätter, Melisse, Zitronengras, Kardamom, Ceylon-Zimt, Fichtennadel.*
Concrete Jungle: *Wacholder, Koriander, Pepper meets Freshness.*

13 DRUNKEN BOTANICALS

No tricks, no fake, no compromise

DIY – steht für: Do it yourself. Eine Bewegung der Selbermacher, die aus den 50ern heraus entstand, um aus der monotonen Arbeitswelt auszubrechen. In unserer schnelllebigen Zeit, in der Fakes und Trends aufgeblasen werden und industriell hergestellte Produkte die Märkte überschwemmen, da zählt das Ehrliche, Authentische und Selbstgemachte mehr denn je. Genau diese Philosophie des Selbermachens – fernab von Mainstream und Kommerz – verfolgen die Macher des *13 Drunken Botanicals* aus innerer Überzeugung. Das beginnt schon bei der Entwicklung: Die Basis des *13 Drunken Botanicals* bildet ein Korn!

Smells like Gin Spirit

Mit ungewöhnlich hohen Ansprüchen an Qualität für Zutaten und Rohstoffe hat man bei *FREYTAG Liqueurs & Spirits* ein halbes Jahr experimentiert, getüftelt und probiert bis man zufrieden war. Ist eben nicht leicht Top-Spirituosen, die ohne Trickserei und künstliche Zutaten auskommen, zu produzieren. Die ehrlich von Hand, nachhaltig hergestellt werden – ohne Kompromisse. Nur biologisch angebaute Gewürze, Kräuter, Blüten und Früchte werden verwendet. Die einen machen es sich eben leicht und die anderen machen einen großartigen handcrafted Gin, der sich von der Masse abhebt. Man spürt und schmeckt den Spirit. Fazit: Here we are now – lasst den Spirit aus der Flasche! Breaking News: Die Macher zaubern gerade ein weiteres Gin-Ass aus dem Bottich. Den wild, aromatischen *Concrete Jungle*. Wir sind gespannt und sagen: Welcome to the Jungle, Baby!

„

Der Gin für Ginpunks – unkonventionell, rebellisch und weit entfernt von erwachsen.

ELIXIER GIN

//

KATEGORIE
New Western Dry Gin

HERKUNFT
Deutschland

ENTSTEHUNG
2014

MARKENGRÖSSE
● ● ○ ○

TASTING NOTES
Das Waldmeister-Wacholder Punk-Pärchen harmoniert perfekt. Komplexe Kräuter, Fenchel, Orange, Anis, Süßholz – so zauberhaft frisch, fruchtig und mild, dass er pur auf Eis fast am besten schmeckt.

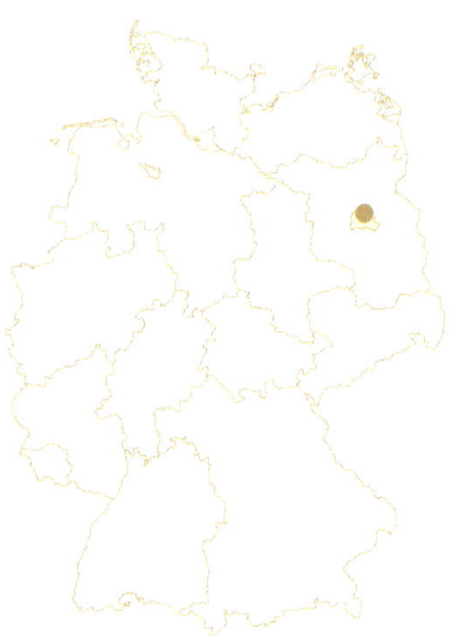

Das zauberhaft kuriose Waldmeister-Wacholder-Punk-Pärchen

Jede Familie braucht ihr schwarzes Schaf, auch die riesige Gin-Familie. Hier ist es also, das schwarze Schaf, der schräge Vogel, der Rebell, der Punk unter den Gins: *Elixier Gin* – unkonventionell, rebellisch und meilenweit entfernt von erwachsen. Gut so, weil er echt Spaß macht, schon bevor man die kultige Flasche öffnet. Kein Wunder, denn seine Macher – ein begeisterter Schnapsbrenner und eine rastlose Berufsquerschlägerin – haben verdammt viel Spaß, bei dem was sie machen. Lieber um die Ecke denken, umso größer ist der Bogen, den man macht, um allen Konventionen auszuweichen. Schlangenlinien vorprogrammiert – machen aber auch verdammt viel Spaß. Ja, auch so geht's zum Ziel.

Zirkus auf der Zunge, Zauber im Kopf

Wer mit einem *Elixier* den Gin-Genießer verzaubern will, braucht eben nicht nur Köpfchen, der sollte auf sein Bauchgefühl hören. Weil: Bauch schlägt Kopf. Immer. Und schon hat man sie zusammen, die besten Zutaten für einen Gin, wie man ihn bisher noch nicht kannte: Ein gutes Bauchgefühl, viel Spaß und einen S**t geben auf Konventionen. Fertig ist ein Gin, der den Gaumen der Gin-Genießer verzaubert. Der *Elixier Gin* ist schließlich eine Hommage an die Kindheit, den Zirkus und den Waldmeister. Fazit: Raus aus der Gin-Komfort-Zone und sich vom Elixier verzaubern lassen – echter Zirkus-Zauber für den Gaumen. Der passende Soundtrack dazu: Gogol Bordello.

GENTLE GIN

„

Gentle im Geschmack,
ganz groß im Genuß.

Make it simple – keep it gentle

Beim *Gentle Gin* war die Idee, sich etwas weg zu bewegen vom dominanten Wacholder und einen Gin zu kreieren, der unkonventioneller und sanfter ist. Herausgekommen sind gleich drei raffinierte Sorten. Ladies and Gentlemen, drei Gentle-Gins für den gepflegten, stilvollen Gin-Genuss: Der Gentle *Gin Pink One*, der *Gentle Gin Tea Dry* und der *Gentle Gin Saffron*. Alle drei absolut gentle im Geschmack und ganz groß im Genuß. *Make it simple, keep it gentle* bringt hier Erstaunliches hervor.

Das teuerste Botanical der Welt

Schon mal darüber nachgedacht welche Farbe Gin hat? Keine. Das Auge trinkt mit, dachten sich die Macher und wollten mit ihrer *"Pink One"*-Variante ein wenig Farbe ins Spiel bringen. Rosa Pfeffer, zarte Rosenblüten, Lavendel, Grapefruit, tropisches Eisenkraut und jamaikanischer Hibiskus lässt den Gentle Gin angenehm Pink aus der Reihe tanzen. Wer's british mag, dem legen wir die *Tea Dry*-Variante an den Gaumen: Mit Borretschblüten, handgepflücktem Darjeeling Earl Grey und Pai Mu Dan Tees wurde dieser Gentleman verfeinert. It's Tea Time! Absolutes Highlight: Für die *"Saffron"*-Variante wird echter Safran verwendet – das teuerste Gewürz der Welt. Nicht der einzige Grund, warum dieser Gin vielleicht zu den besten Gins der Welt zählt. Fazit: Keep it gentle, take a Gentle Gin.

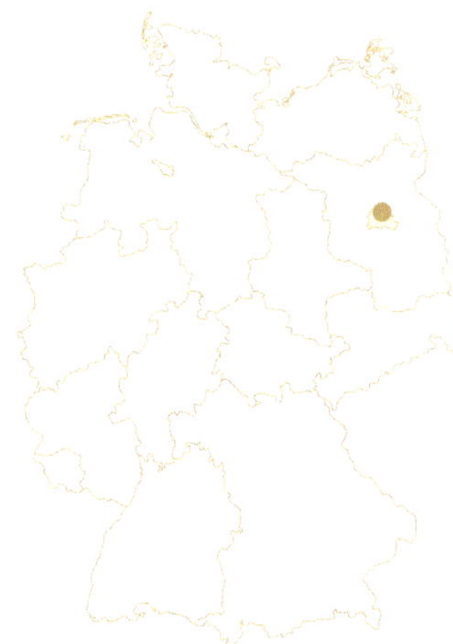

//

KATEGORIE

New Western Dry Gin

HERKUNFT

Deutschland

ENTSTEHUNG

2015

MARKENGRÖSSE

● ○ ○ ○

TASTING NOTES

Saffron: *Floral und würzig, süffig. Zitrusfrische und eine wunderbar erdige Note.*

Tea Dry: *Komplexe Aromen, vollmundig, trotzdem schön gentle.*

Pink One: *Fruchtig blumige Aromen, am besten pur auf Eis, schon allein wegen seiner Farbe.*

„

Ein vollmundig gestalteter
Gin, der mit den Sinnen spielt.

KNETE GIN

//

KATEGORIE
Berlin Spiced Gin

HERKUNFT
Deutschland

ENTSTEHUNG
2015

MARKENGRÖSSE
● ○ ○ ○

TASTING NOTES
Orangenschalen verleihen Knete Gin sowohl seine fruchtigen als auch leicht bitteren Noten. Rosa Pfeffer sorgt für eine harzig fruchtige Süße und einen Hauch von Schärfe. Kardamom, Ingwer, Tulsi sorgt für komplexe Kräuternoten und feine bittere Akzente.

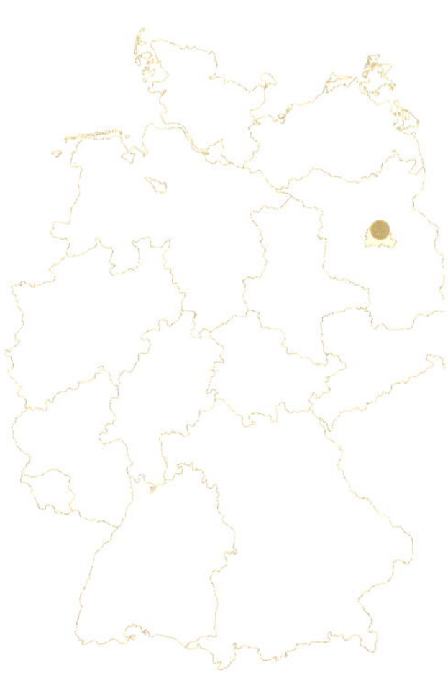

Mit ungewöhnlichen Methoden zum außergewöhnlichen Gin

Kreiert hat ihn die ehemalige Bartenderin Laura der *Booze Bar* in Berlin. In dieser Zeit experimentierte sie und kombinierte verschiedene Kräuter und Gewürze. Der Plan war, ungewöhnliche Methoden auszuprobieren. Einen neuen Cocktail wollte sie kreieren, mit einer eigenen, speziellen Geheim-Zutat. Beim Infusionieren von Alkohol aber blieb sie fasziniert hängen. Laura experimentierte weiter. Das Ergebnis war dann kein Cocktail, es war... ein Gin! Der sich schnell großer Beliebtheit erfreute. Zusammen mit der Brennerei *FaudeFeine-Brände* aus Bötzingen wurde der *Knete Gin* veredelt, wo er auch heute noch zum einzigartigen Mazeratataa ausgebaut wird.

Kein Gin, eine Bewusstseinserweiterung

Heller Bernstein, rötliche Farbtöne, crazy Flaschendesign – noch vor dem Öffnen der Flasche beginnt der *Knete Gin* mit euren Sinnen zu spielen. Öffnet man die Flasche, ist es als lässt man etwas Wildes frei, das in der Flasche gefangen war (das Schaf?). Sofort steigen Knaller-Aromen von Orange und Kardamom in die Nase, würziger Pfeffer kitzelt die Synapsen, eure Sinne sind schon völlig überwältigt, noch bevor du einen Schluck genommen hast. Aber dann holt dich eine herbe Frische zurück auf den Barhocker und während eine komplexe Kräuter-Explosion dir noch die Nasenflügel flattern lässt, probierst du den Knete Gin und schmeckst Folgendes: Absolut anregende, komplexe Aromen, trocken und herb...bis eine bitter-süße Schärfe euch eure Sinne schärft. Ein Gin, der es perfekt versteht, mit den Sinnen des Gin-Genießers zu spielen. Fazit: Das ist kein Gin, das ist eine Bewusstseinserweiterung.

LEBENSSTERN GIN

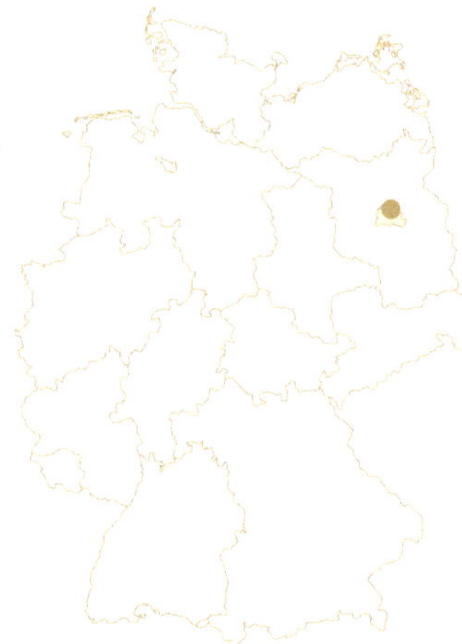

”
Vereint modernes Berliner-Großstadt-Lebensgefühl und Wiener Kaffeehaus-Charme.

Ein Kult-Gin für eine Kult-Bar

Die berühmte Bar Lebensstern befindet sich im ersten Stock der Café Einstein-Villa. Hat man die Wiener Kaffeehaus-Atmosphäre durchschritten, betritt man ein Berlin der zwanziger Jahre: Ein Herrenzimmer, eine Bibliothek, stilvolle Ledersofas, funkelnde Flakons – es würde einen nicht wundern, wenn gleich Max Liebermann oder Erika Mann mit einem Gin um die Ecke spazieren. Das Berliner Lebensgefühl, kombiniert mit dem Wiener Kaffeehaus-Charme, destilliert im *Lebensstern Gin*.

Eine Sternstunde der modernen Gin-Kultur

Obwohl die Lebensstern Bar die wohl größte europäische Gin-Sammlung beherbergt, wollte man noch einen Gin mehr in die Sammlung aufnehmen – einen ganz besonderen, den eigenen. So entstand der *Lebensstern Gin* in erfolgreicher Zusammenarbeit mit der Lebensstern Bar im Einstein und Haromex, dem Spezialisten für hochwertige Spirituosen. Eine echte Sternstunde der modernen Gin-Kultur. Wir empfehlen den *Lebensstern Gin* in angenehmer Gesellschaft auf einem der Clubsofas im Herrenzimmer einzunehmen, stilvoll pur auf Eis oder als Gin & Tonic. Gut zu wissen: Der Gin hat bereits Kultstatus erreicht und wird sogar als offizieller Gin bei Staatsempfängen auf Schloss Bellevue gereicht. Fazit: Eine Kult-Bar verdient ihren ganz eigenen Kult-Gin. Hier ist er.

//

KATEGORIE
Classic Gin

HERKUNFT
Deutschland

ENTSTEHUNG
2015

MARKENGRÖSSE
●●●○

TASTING NOTES
Lebensstern Gin: *Komplexes Wacholderbeeren-Aroma, erfrischende Zitrusnoten und würziger Koriander, komplex, frisch und floral.*
Alpine Gin: *Florale Aromen mit Wacholder und Alpenkräuter.*
Garden Gin: *Floral, frisch, fruchtig.*
Pink Gin: *Fruchtig trifft süß trifft würzig.*

0,7 l // 43 %

TASTING NOTES

Kräftig frische und komplexe Aromen. Lavendel, Süßholz, ein Hauch Wacholder und Ingwer. Alles schön mild und zitrusfrisch – fließt gut und bleibt lang am Gaumen.

Der erste Bio-Gin ever

Ein Gin so aufregend und vielfältig wie Berlin? Und auch noch in bester Bio-Qualität? Geht das? Das geht nicht nur, das fließt sogar locker-leicht dahin wie die Berliner Spree. So soll es sein, denn der *Spree Gin* ist eine flüssige Liebeserklärung an die Hauptstadt. Das Besondere – und was kein anderer Gin bietet – sind die echten Demeter-Spreewaldgurken. *Spree Gin* ist der erste Berliner Bio-Gin ever. Gab's so noch nicht? Gab's so noch nicht! Gibt's doch nicht! Gibt's. Trends werden eben in Berlin gesetzt – das wussten schon die besten Schriftsteller, Künstler und Musiker.

In kleinsten Chargen, auf höchstem Niveau

Auf den *Spree Gin* haben sich nicht nur die Berliner gefreut: Im Sommer 2017 rief die Manufaktur *Grote & Co. Spirits* zum Crowdfunding für den Spree Gin auf. Innerhalb weniger Wochen erreichten die Gründer Gabriel Grote und Henning Birkenhake das anvisierte Finanzierungsziel. Nur kurze Zeit später gab es den heiß ersehnten *Spree Gin* für alle Berliner und die, die wissen wollten, wie eine flüssige Liebeserklärung an Berlin eigentlich schmeckt. Ein Berliner Bio-Gin mit Spreewaldgurken ist eben nicht nur eine erfrischende Idee, das schmeckt auch überraschend frisch. Ausgesuchte Berlin Botanicals, sorgfältig von Hand und in nur kleinen Chargen destilliert – in einer der ältesten Brennereien Europas. Fazit: Eine aufregende Stadt verdient einen aufregenden Gin. Hier ist er.

//

KATEGORIE
New Western Dry Gin

HERKUNFT
Deutschland

ENTSTEHUNG
2017

MARKENGRÖSSE
● ○ ○ ○

SPREE GIN

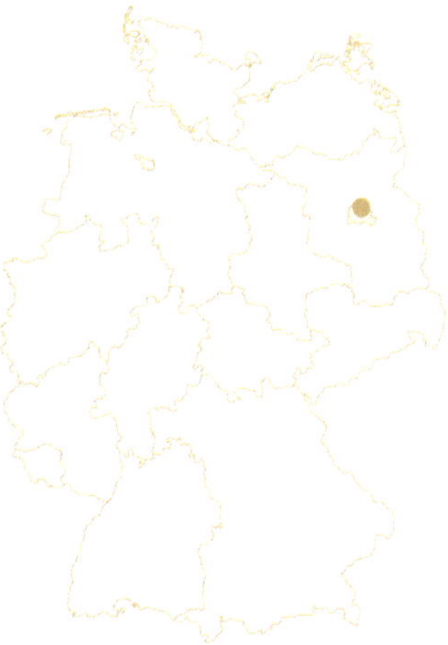

»

Der Gin für Berlin – eine flüssige Liebeserklärung an die Hauptstadt.

„

Intensiv und authentisch – mit einer überraschend erfrischenden Ingwernote

//

KATEGORIE
London Dry Gin

HERKUNFT
Deutschland

ENTSTEHUNG
2017

MARKENGRÖSSE
● ○ ○ ○

TASTING NOTES
Typische kräutrige Wacholdernote eines London Dry Gin – gebettet in einer Komposition aus 7 weiteren Botanicals. Frischer Ingwer als zusätzliche Hauptnote erfrischt und harmoniert perfekt mit dem Wacholder und anderen Kräutern, wie Kornblumenblüten, Birkenblättern und Kardamom.

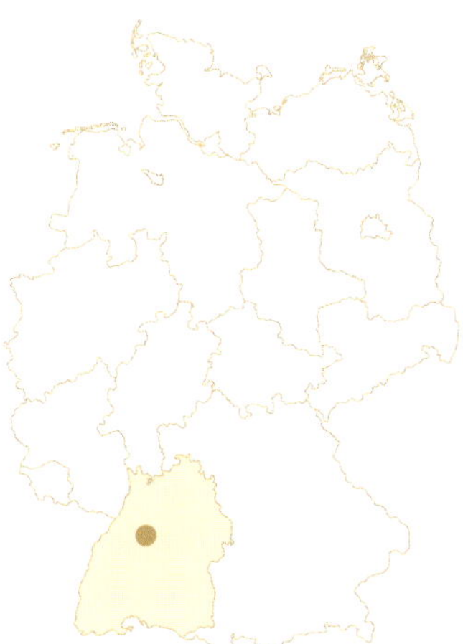

44VIER GIN

Früher kamen die besten Ideen aus der Garage. Heute kommen sie aus Gechingen

Das Licht der Gin-Welt hat der *44Vier* erst 2017 erblickt, ist aber jetzt schon ein echter Klassiker. Das liegt zum einen an seiner Entstehungsgeschichte und zum anderen an einem besonderen Merkmal. Mai 2017. Leonard Wilhelm hat eine spontane Idee. Wenn die meisten anderen Menschen eine spontane Idee haben, nehmen sie einen neuen Weg zur Arbeit oder so. Aber Leonard Wilhelm gründet spontan – nein, keine Schnapsidee – seine eigene Brennerei. Die Heckengäu Brennerei im beschaulichen Gechingen in Baden-Württemberg.

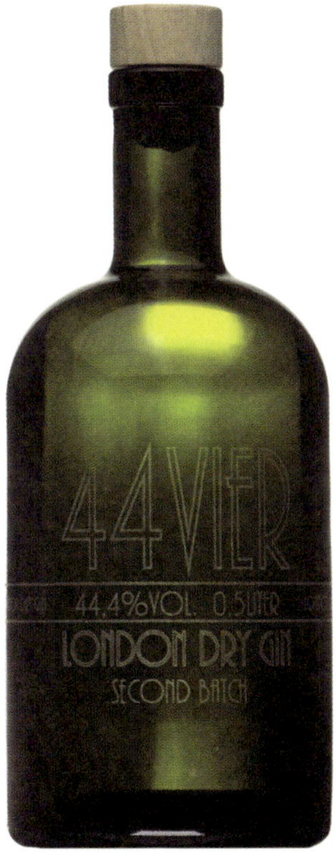

Mutter Natur verleiht ihm den Geschmack. Vater Alkohol den Namen

Wilhelm experimentiert, probiert und verliebt sich in das komplexe Spiel der Aromen. Schnell ist klar: Frischer Ingwer *muss* fester Bestandteil sein. Er probiert weiter und gönnt dem Gin eine zweifache Destillation in der Gechinger Brennblase. Aber es braucht noch ein besonderes Merkmal, um sein Gin-Konzept abzurunden. Idee #2 ist geboren. Der Alkoholgehalt von 44,4% wird zum Namensgeber. Damit ist der Name hier aber so was von Programm (gefällt uns, Chapeau!) und das Konzept geht auf. Die Heckengäu Brennerei hält an dem Erfolgsrezept fest und produziert seitdem einen feinen und qualitativ hochwertigen London Dry Gin, den man auch pur auf Eis genießen kann.

Die Wiedergeburt eines Klassikers

Manchmal lohnt es sich in uralten Rezepten zu stöbern. Im Jahr 2012 stößt man in der traditionsreichen Kammer-Kirsch Destillerie auf ein altes Rezept für den Kammer Dry Gin – ein echter Klassiker, der zwischen 1950 und 1970 produziert wurde. Schnell ist klar: Dieses Rezept muss wiederbelebt werden. Also wird überarbeitet und ausprobiert. Man durchläuft unzählige Probedestillationen bis – endlich – ein würdiger Nachfolger gefunden ist: Der *Black Forest Dry Gin.*

Klassischer Stil, zeitloser Geschmack

Mit einem Alkoholgehalt von 47% Vol. eignet sich der *Black Forest Dry Gin* hervorragend für diverse Mixdrinks oder für den stilvoll klassischen „Gin & Tonic" – den man gern modern interpretieren darf. So wie das alte Rezept selbst: Klassischer Stil neu interpretiert, für zeitlosen Geschmack. Und bevor wir noch vor lauter bescheidener Gentleman-Manier vergessen zu erwähnen, wie eine echte Gin-Wiederentdeckung sogar Kritiker überzeugen kann: Der *Black Forest Dry Gin* holt den 1. Platz *Drinks Blindverkostung Gin 2018,* schnappt sich die Silbermedaille beim *Berlin International Spirits Competition 2017,* geht mir der Goldmedaille beim *World-Spirits Award 2015* nach Hause und erhält die feine Auszeichnung: *„Silver Outstanding"* beim *IWSC 2014.* Wir sind dann mal weg – bei Oma alte Rezepte ausgraben!

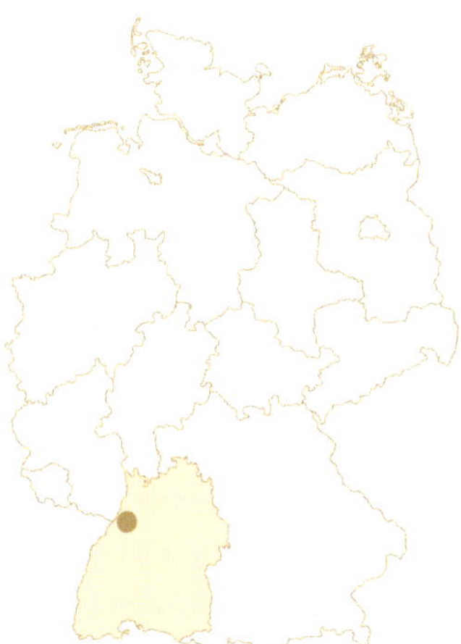

//

KATEGORIE
Distilled Dry Gin

HERKUNFT
Deutschland

ENTSTEHUNG
2014

MARKENGRÖSSE
● ● ○ ○

TASTING NOTES
Eine echte Wiederentdeckung braucht nicht viel, um ganz groß zu schmecken: Ein Hauch von schönen Zitronennoten, eingebunden in den Duft der Wacholderbeere. Zeitlos und ideal als Präsent in einer geschmackvollen Geschenkpackung. So punktet man auf jeder stilvollen Dinner-Party.

BLACK FOREST DRY GIN

„Der Black Forest Dry Gin ist eine echte Wiederentdeckung: Klassische Dry Gin Zitronennoten, eingebunden in den Duft der Wacholderbeere.

BLACK FOREST DRY GIN // DISTILLED DRY GIN

0,7 l // 47 %

BOAR BLACKFOREST PREMIUM DRY GIN

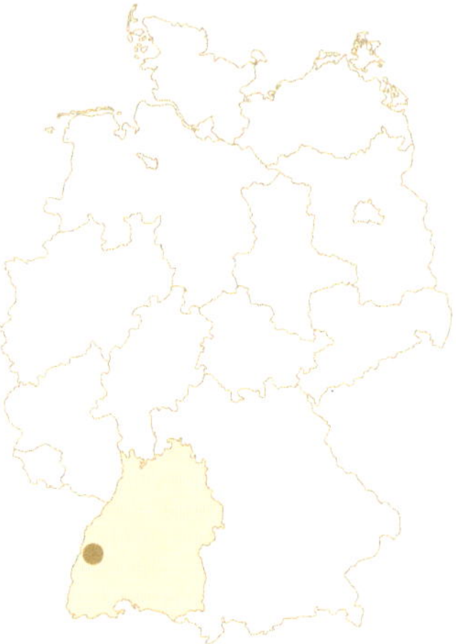

Geschmacklich einzigartig, weltweit ausgezeichnet

Das erste Wort, das uns zu diesem Gin einfällt ist: Boah! Vielleicht hat das mit seinem Namen zu tun, vielleicht auch mit den Auszeichnungen, mit denen der Schwarzwälder überhäuft wurde – aber ganz sicher hat das mit seinem einzigartigen Geschmack zu tun. Und "einzigartig" meinen wir hier wörtlich: Der *BOAR Gin* ist der erste und einzige Gin mit echtem Schwarzwälder Burgunder-Trüffel. Die kleine Familienbrennerei produziert bereits seit 1844 einzigartige Spirituosen. Mit dem *BOAR Gin* wollte man geschmacklich innovative Wege gehen. Der Weg führte zum überragenden Erfolg: Bei den *Global Spirit Awards* wurde er zum besten Gin und zur besten klaren Spirituose der Welt gekürt – mit Doppelgold.

So meisterlich komponiert wie eine Symphonie

Viel Ruhm für eine kleine Traditionsbrennerei aus dem Schwarzwald. Mehr als verdient finden wir. BOAR ist der englische Name für den wildlebenden Eber aus dem Schwarzwald. Zwischen ihm und der *BOAR Destille* gibt es eine gewisse Seelenverwandtschaft, denn genau wie ihr Namensgeber der Eber, der auch auf der Flasche prangt, ist die Destille stetig auf der Jagd nach geschmacklich außergewöhnlichen Genüssen. Dabei stets vertrauend auf die eigenen Urinstinkte. Für diese Geschmacks-Symphonie wird der seltene Burgunder-Trüffel aus dem Schwarzwald destilliert, der dem Gin Bitterstoffe und Schärfe entzieht und ihn so ganz besonders mild macht. Fazit: Reinste Schwarzwälder Naturelemente – so meisterlich komponiert wie eine Symphonie.

//

KATEGORIE
London Dry Gin

HERKUNFT
Deutschland

ENTSTEHUNG
2016

MARKENGRÖSSE
●●●○

TASTING NOTES
Intensive, komplexe Aromen, meisterlich komponiert. Sehr mild und samtig. Abgang ist trotzdem intensiv, wild, vital, waldig mit Tannennadeln und Zitrone – Boah... äh BOAR!

„Seltener Schwarzwälder Trüffel macht ihn extrem mild. Geschmacklich ausgezeichnet – und von Kritikern ausgezeichnet.

BREAKS PREMIUM DRY GIN

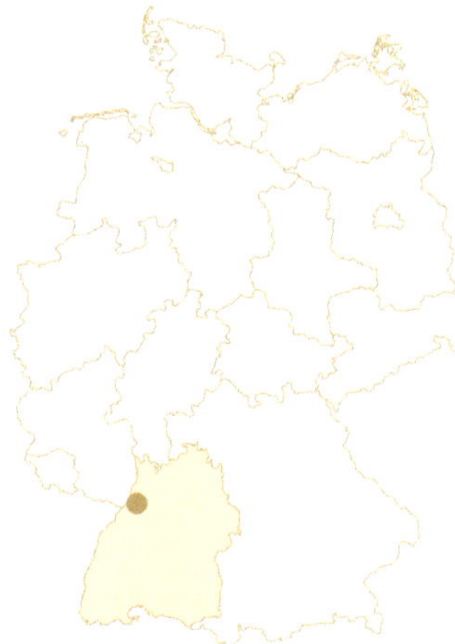

Inspired by music, filled with soul

"Der Gin, den man herstellt, sollte die eigene Seele widerspiegeln." Diesen Satz hat Harald Reinholz im Ohr, als er 2014 die ersten Brenn- und Rezepturvergleiche für einen eigenen Gin unternimmt. Das waren die Worte eines Barkeepers. Er beherzigt sie. Mit seinem Gin will er einen fruchtig-milden Gin kreieren, der vielen Menschen Freude bereitet. 2015 feiert der *Breaks* seinen Durchbruch, seine Story beginnt viel früher: Als kleiner Junge schaut Harald Reinholz seinem Großvater – ein leidenschaftlicher Schnapsbrenner – fasziniert beim Destillieren zu. Von da an ist die Idee vom eigenen Gin in seinem Kopf.

Break(s) on through – to the other side of taste

Der Name ist auch schnell da: Das Label "Breaks" begleitet Reinholz schon lange: Sein ehemaliger Plattenladen – bekannt unter dem Namen "Breaks Records" ist Namensgeber: *Breaks Gin* – klingt gut, bleibt hängen. Die *Breaks* Manufaktur ist geboren. Und nach zahllosen Destillationsversuchen ist die perfekte Rezeptur für den kommenden *Breaks Gin* auch da. Nach traditioneller London Dry Gin Art wird der *Breaks* hergestellt – handgemacht und aus frischen Zutaten destilliert. Der große Durchbruch des *Breaks* beginnt. Der Clou: Zimtblüten geben dem *Breaks* eine geniale unique Note. Fazit: Take a break and have a great *Breaks*.

//

KATEGORIE
London Dry Gin

HERKUNFT
Deutschland

ENTSTEHUNG
2015

MARKENGRÖSSE
● ● ● ○

TASTING NOTES
Premium Dry Gin: *Orange und Wacholder, mild. Lavendel und Koriander. Abgang: Immer noch fresh, zitronig mit süßlich würzigen Noten der Zimtblüte.*
Reserve Gin: *Frische, komplexe Aromen von Kardamom, Lavendel und Koriander, dazu Vanille und Karamell.*
Butchers Gin: *Kümmel, Thymian, Majoran treffen auf prallen Wacholder.*
Cannabis Gin: *Komplexe Kräuter, herbal bis floral – unique Hanfnote.*

TASTING NOTES

Am besten mit best Bro oder Sista teilen. Was euer Gaumen dann bekommt, sind frische Limette, Koriander, Anis und rosa Pfeffer. Frischer Ingwer lässt eure Synapsen knallen, floral-fruchtige Noten von Zitrone, Himbeere und Wacholder. Fazit: Klick – Schluck – BOOM!

Wild Wild West auf der schwäbischen Alb

Die Liquid-Family rund um den Schwarzstoff hat ihren *Bro's Gun* erst 2017 auf den Markt gebracht. Die Story hinter der Schwarzstoff-Brennerei reicht aber bis ins Jahr 1831 zurück. Ururgroßvater Johannes Frosch übernimmt die Wirtschaft *Zum Hirschen* inklusive Brennerei und serviert den BROs und SISTAs Most, Bier, Branntwein und Speisen.

Bester local stuff & ne Kugel Herzblut

Im Jahr 2017 stecken die BROs und SISTAs ihre Köpfe zusammen und lassen es krachen: Ideen werden hin und her geballert. Die Liquid-Family plant, probiert und brennt bis zum High Noon und BOOM... ist es so weit. Der *Bro's Gun* wird feierlich unter die Leut' gebracht. Und kommt an. Das liegt sicher an seinem kugelsicheren hippen Auftritt, aber da steckt auch was hinter oder besser gesagt drin: Fair, traditionell und mit ner Kugel Herzblut wird bester local stuff aus dem heimischen Streuobstparadies verarbeitet.

2018 tritt die Liquid-Family zum Duell beim *StartUP Elevator Pitch Neckar Alb* an und landet einen Volltreffer: *Bro's Gun* landet auf Platz 1 in beiden Kategorien (wir zieh'n den Cowboy-Hut!). Der Clou: Schaut man durch das Fadenkreuz auf dem Etikett gibt's was zu entdecken...

//

KATEGORIE
New Western Dry Gin

HERKUNFT
Deutschland

ENTSTEHUNG
2017

MARKENGRÖSSE
● ○ ○ ○

BRO'S GUN DRY GIN

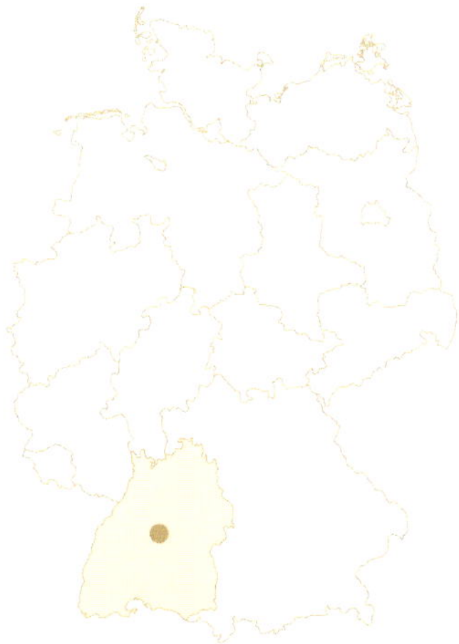

"

Bro's Gun ist ne echte Waffe unter den Gins.

CHERRYBLOSSOM GIN

”

Echte Micro-Batch-Gins – zwischen tausenden Kirschblüten im wunderschönen Eggenertal gebrannt.

Das Blüten-Spektakel in einem verschlafenen Dorf

In einem nicht allzu fernen Tal, da wachsen unzählige, mächtige Kirschbäume. Jedes Jahr zur Kirschblüte strömen tausende Touristen in dieses kleine, verschlafene Tal, genannt Eggenertal, um dieses wunderschöne Spektakel zu beobachten. In diesem Tal wird auch der *Cherryblossom Gin* liebevoll in Kleinstchargen gebrannt. Ein Grund mehr, dieses verschlafene Tal zu besuchen oder man bestellt einfach eine der exklusiven Micro-Batch-Gins übers Internet. Pro Batch ist der Cherryblossom Gin limitiert auf nur 160 Flaschen, was ihn zu einem ähnlichen Spektakel macht, wie die heimische Kirschblütenzeit – ein exklusives Geschmacks-Spektakel für den Gaumen des Gin-Genießers.

Ein Gin, den kein geübter Gin-Gaumen so schnell vergisst

Hinter dem Gin aus dem Kirschblütental steht die Markgräfler Spezialitätenbrennerei, deren Tradition und Destillations-Handwerk bis ins Jahr 1912 zurückreicht. Mit kristallklarem Wasser aus der Quelle des heimischen Blauenmassivs, vor der wunderschönen Kulisse tausender Kirschbäume ehrlich und mit viele Liebe für's Detail gebrannt. Von Hand in eine kleine Designerflasche abgefüllt, von Hand beschrieben. Fazit: Der Cherryblossom hält, was seine Macher versprechen. Ein Gin, den unser Genießer-Gaumen nicht so schnell wieder vergessen wird. Gut, dass es ihn in drei exklusiven "Muss-man-unbedingt-probieren-Varianten" gibt. Alle ehrlich, würzig, komplex – mit einem Namen, den man immer und immer wieder gern über die Lippen bringt. Probiert es gerne mal aus: Cherryblossomgin.

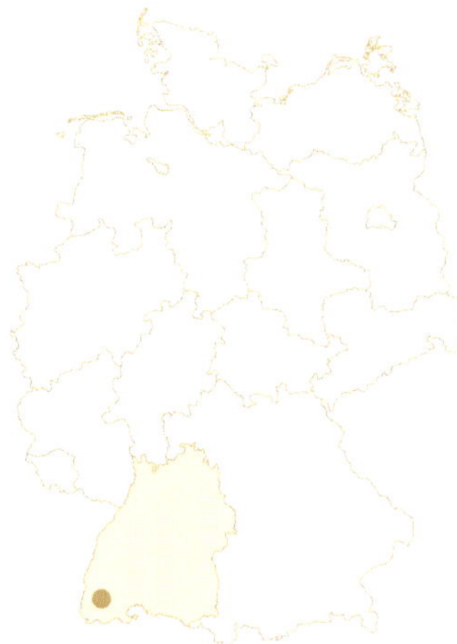

//

KATEGORIE
London Dry Gin

HERKUNFT
Deutschland

ENTSTEHUNG
2017

MARKENGRÖSSE
● ○ ○ ○

TASTING NOTES
Classic: *London Dry Gin, ungefiltert, 45%. Intensives Wacholderaroma mit erfrischender Zitrusnote. Dazu heimische Kräuter, frische und mediterrane Aromen durch die Limette.*
Crystal: *London Dry Gin, Gefiltert, 42%. Floral, würzig, pfeffrig. Kräftige Wacholdernote mit komplexen Kräuter- und Zitrusnoten.*
Old Lady: *London Dry Gin, Barrel Aged Gin, 45%vol. Wuchtig, vollmundiger frischer Geschmack von Wacholder und Limette, umrahmt von Vanillenoten.*

Das ultimative Rezept für einen Gin der Extraklasse

Es könnte auch der Plot für ein modernes Märchen sein: Es war einmal... umgeben von dunklen, magischen Wäldern, glitzernden Seen, mächtigen Tannen und Fichten. Hier mitten im Schwarzwald taten sich eine Apothekerin und ein Brenner zusammen, um die Rezeptur für einen Gin der Extraklasse zu entwickeln. Etwas ganz besonderes, individuelles. Sie machten sich an die Arbeit, hielten sich dabei streng an den Richtlinien des Dry Gin, blieben aber frei in der Interpretation. Sie bündelten ihre Kräfte und experimentierten mit den Naturschätzen aus dem Schwarzwald.

Kein Märchen, aber magisch gut

Der Mut, die Lust am Ausprobieren und die Neugier des Paares zahlen sich aus: Das Ergebnis ist kein Märchen, aber magisch gut: Der *Feiner Kappler* überzeugt Gin-Kenner und Kritiker: *Goldmedaille bei Meiningers International Spirits Award 2017.* Und weil jedes Märchen ein Happy End hat: Die Apothekerin und der Brenner leben seitdem glücklich und zufrieden zusammen und brennen erfolgreich in ihrer Manufaktur *Feiner Kappler* einen einzigartig feinen Gin der Extraklasse. Wir empfehlen eine Flasche *Feiner Kappler* mit guten Freunden, ein Lagerfeuer im Wald, ein gutes Märchenbuch – und der magische Abend kann beginnen.

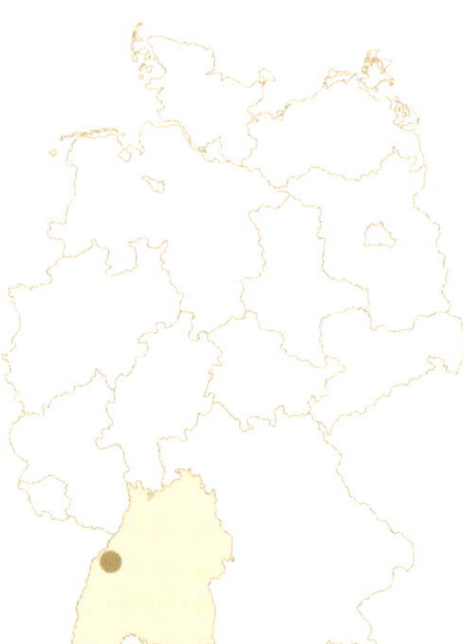

FEINER KAPPLER

//

KATEGORIE
London Dry Gin

HERKUNFT
Deutschland

ENTSTEHUNG
2015

MARKENGRÖSSE
● ○ ○ ○

TASTING NOTES
Die Basis bildet Wacholder, dazu Koriander und Angelika. Blüten von Hibiskus, Lavendel und Holunder sorgen für eine florale Note und spielerische Leichtigkeit. Der kräftige Gegenpol dazu: Die magische Frische der thailändischen Kaffirlimette, gefolgt von der Wurzel der Gemeinen Wegwarte – die ihm die "Feiner Kappler Note" verleiht – als märchenhafter Abschluss. Happy End.

0,5 l // 44 %

Love Message in a bottle

Die Macher des *Ginstr – Stuttgart Dry Gin*, Markus Escher und Alexander Franke, haben all ihre Liebe, Leidenschaft und Verbundenheit zu ihrer Heimat Stuttgart in den Gin einfließen lassen. Herausgekommen ist ein Destillat, das wohl wie kein anderes die schwäbische Hauptstadt verkörpert. *Ginstr* ist Stuttgart durch und durch – das spiegelt sich in einem klugen 360° Konzept wieder: Im Namen versteckt sich der Code des heimischen Flughafens, die Zutaten finden sich in der schwäbischen Region, das frische Wasser ist ein echtes Cannstatter Original Mineralwasser und sogar die Fässer tragen Stuttgarter Namen. *Ginstr* – ein echter Stuttgarter Jung.
Und schuld daran ist Opa.

Wenn Gin, dann Ginstr

Der Opa war es, der einem der zwei Gründer einen alten Brennkessel vererbte. Was macht man mit solch einem Erbe? Man krempelt die Ärmel hoch. Stürzt sich in die Arbeit. Geholfen hat den zwei Freunden ihre riesige Gin-Sammlung – da musste nicht lange nachgedacht werden, was produziert werden soll. Das Gin-Konzept war dann auch klar: Echter Gin from Stuttgart. Alles authentisch, heimisch, handmade. Eine liebevolle Hommage an die Mutterstadt Stuttgart. Die Message ist angekommen, auch beim World Spirits Award 2018. Da wurde der Ginstr begeistert mit Gold prämiert. Beim IWSC London war er alleiniger Sieger der *Gin Tonic Trophy 2018* inkl. *Outstanding Gold.*
Und schuld an allem ist Opa.

//

KATEGORIE
New Western Dry Gin

HERKUNFT
Deutschland

ENTSTEHUNG
2016

MARKENGRÖSSE
● ● ○ ○

TASTING NOTES
Komplexe 46 schwäbische Kräuter, Blüten und Früchte. Harmonisch abgestimmter Wacholder, Rosmarin, Kardamom und Koriander und schöne Zitrusaromen. Komplex, vielfältig, authentisch.

„

Regional, mild, frisch – der ideale Gin für einen perfekten Gin & Tonic.

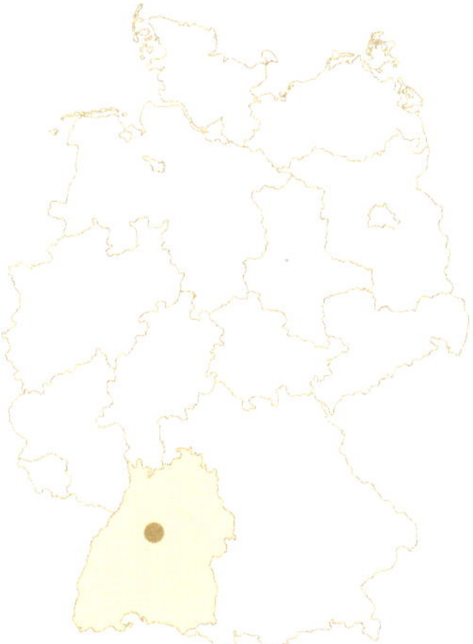

0.5 l // 44 %

GINSTR – STUTTGART DRY GIN // NEW WESTERN DRY GIN

GINSTR – STUTTGART DRY GIN

Brennen bis zur Vollkommenheit

Die Macher des *Heidelberg NO.1* wissen: Wer besten Gin brennen will, muss brennen – am besten bis zur Vollkommenheit. Perfektion passiert schließlich nicht durch Zufall, zumindest nicht oft. Hier stimmen die Zutaten, die perfekt aufeinander abgestimmt sind und den No.1 zu einer echten Nummer 1 machen. Ein wunderbar klarer, überraschend frischer Gin. Wenn man sich die schön und klar gestaltete Flasche anschaut, weiß man auch, warum Heidelberg zu den schönsten Orten Deutschlands zählt.

Mögliche Nebenwirkungen: Dichten, Denken & Philosophieren

Der Genuss von Alkohol gehört seit Jahrhunderten zu den Lieblingsbeschäftigungen der Dichter, Denker und Philosophen. Gin, Whisky und Wein – das war und ist das Schmieröl des Kreativmotors, des Künstlers Muse aus der Flasche. Kostet man den *Heidelberg NO.1* weiß man auch, warum. Man bekommt sofort Lust bei einem Gläschen auf dem Königsstuhl zu verweilen und mit einem guten Freund über das Leben (nein, nicht das Online-Leben!) zu philosophieren oder ein Notizbuch zu zücken und ein paar starke Rhymes und Punchlines auf die Seiten zu schmettern. Für einen Gin sind das tolle Nebenwirkungen. Fazit:
Auf das Philosophieren,
das Dichten und das Denken,
so lasst uns selbst mit einer Flasche
Heidelberg No.1 beschenken.

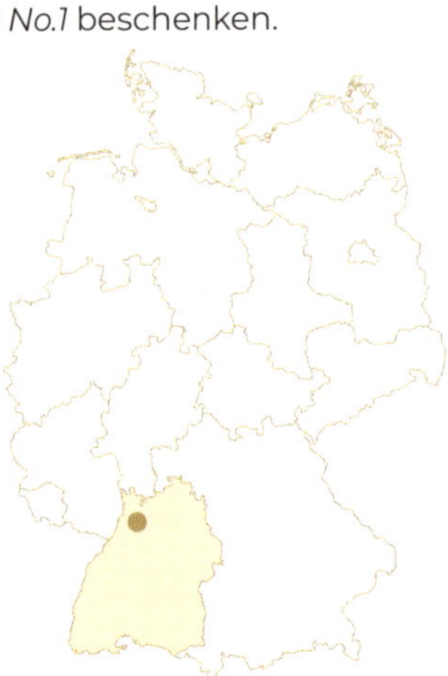

//

KATEGORIE
London Dry Gin

HERKUNFT
Deutschland

ENTSTEHUNG
2011

MARKENGRÖSSE
● ○ ○ ○

TASTING NOTES
Schön frisch und herb, komplexe Kräuter, vollmundig. So erfrischend klar, wie der Odenwald aus der Sicht vom Königsstuhl, in einem Gedicht von Heinrich Heine. Kein Gin, ein Gedicht.

"
Der Gin für Dichter,
Denker und Philosophen.

HEIDELBERG NO.1 GIN

HEIDELBERG NO.1 GIN // LONDON DRY GIN

0,5 l // 47 %

”

Viel Heimat in liebevoller Handarbeit, mit handverlesenen Botanicals von den eigenen Streuobstwiesen.

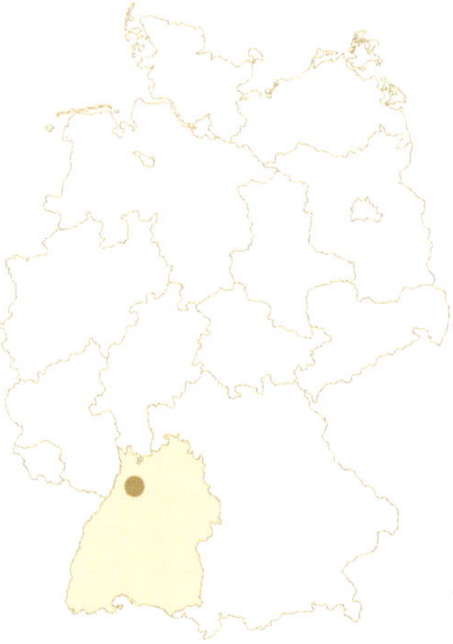

//

KATEGORIE
Dry Gin

HERKUNFT
Deutschland

ENTSTEHUNG
2017

MARKENGRÖSSE
● ● ○ ○

TASTING NOTES
London Dry Gin: *Für Gaumen und Nase ein Spaziergang über eine wilde Sommerwiese, komplexe Kräuter, kräftig frische Aromen von Äpfeln und Birnen, Heu und Wacholder.*
Barrel Aged Dry Gin: *Feine Holznoten – der Whisky unter den Gins.*

HEIMAT GIN

Heimat, Handarbeit und handverlesene Botanicals

Marcel, Rouven und Raphael – drei beste Freunde, die seit ihrer Kindheit beste Freunde sind. Dorfkinder. Ihre Kindheit ist geprägt von prächtigen Streuobstwiesen und Weinbergen im Baden-Württembergischen Schwaigern. Eine schöne Heimat für Kinder und ein idealer Einfluss auf den späteren Lebensverlauf der Freunde. Viel Heimat, Handarbeit und handverlesene Botanicals der heimischen Streuobstwiesen stecken im *Heimat Gin*. Schon beim Betrachten der Flasche fühlt man sich zurückversetzt in die Kindheit und die Heimat: Sommerwiesen, klettern, Baumhaus bauen, über Felder rasen, im Bach spielen. Das Konzept der drei Freunde geht wunderbar auf. Gut so. Heimat ist in unserer heutigen Zeit vielleicht wichtiger denn je.

Vom Dorfkind zum Welt-Gin

Die drei Freunde brennen mit Feuer und Flamme für ihre Heimat und das meinen wir wortwörtlich: Das Destillat wird im Small-Batch-Verfahren in einer traditionellen Kupferdestille gebrannt. Danach bekommt das Destillat viel Ruhe um zu reifen und die heimischen Botanicals die Zeit, die sie brauchen, um sich zu entfalten. Heimat entsteht eben nicht in Eile, Heimat ist ein Gefühl, das sagte schon Heinrich Böll. Und dieses Gefühl braucht Zeit, um zu entstehen. Darum schmeckt *Heimat Gin* wunderbar nach heimischen Wiesenkräutern. Den *Heimat Gin* gibt es europaweit – bis das Dorfkind zum Welt-Gin wird ist nur noch eine Frage der Zeit. Fazit: Ein Schluck Heimat und das gute Gefühl nach Hause zu kommen – cheers!

HOOS LONDON GIN

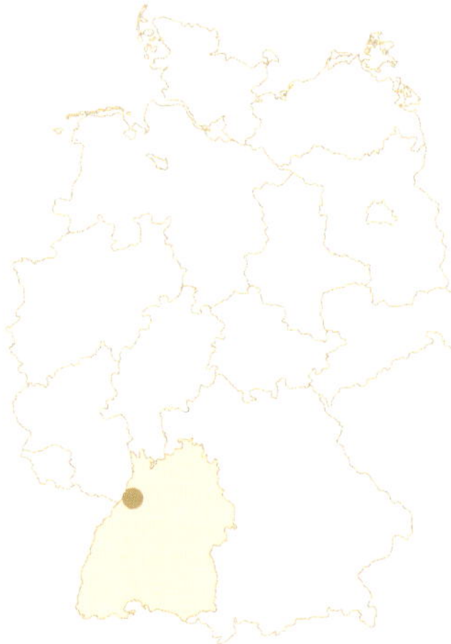

"
Ein trockenes Geschmacksbild, zugleich aromatisch erdig und waldig. Die Kiefernharznote verleiht ihm den typischen Charakter eines London Gin.

Small Batch. Big Taste. Great Gin

Jeder kennt sie noch, jeder hat sie schon mal gesehen, auch wenn sie heute eher selten vorkommen. Die Flaschenschiffe, bei denen man sich früher immer gefragt hat: Wie hat man die da bloß reingekriegt? Wir schauen uns die geheimnisvolle Flasche des *Hoos* an und fragen uns: Ist es wahr, dass man die Komplexität des Waldes in einer Flasche einfangen kann? Ja, es ist wahr. Und sehr rar. Nur etwa 120 Flaschen werden pro Destillation handmade abgefüllt. 15 verschiedene Bio-Botanicals finden sich in der Flasche. Kiefernsprossen und reines Quellwasser aus dem Pfälzerwald verleihen ihm seinen besonderen Charakter.

Traditionell gedacht, modern gemacht

Die Idee hinter dem *Hoos* war, einen modernen handgemachten Gin zu kreieren – traditionell in einer Kupferbrennblase produziert. Schonend bei niedriger Temperatur gebrannt. Das Ergebnis ist ein stilvoller, trockener und zugleich aromatischer Gin. Mit viel Ruhe und Sorgfalt hergestellt im Small-Batch-Verfahren. Im Anschluss wird das Destillat zum Ausruhen einige Wochen gelagert und dann mit dem frischen Quellwasser aus dem Pfälzerwald gemischt. *Hoos* ist der Name seines Erfinders Heiko Hoos und der wird als großes „H" stilvoll auf der Flasche platziert. Fazit: Small Batch at its best.

//

KATEGORIE
London Dry Gin

HERKUNFT
Deutschland

ENTSTEHUNG
2014

MARKENGRÖSSE
● ○ ○ ○

TASTING NOTES
15 Botanicals, darunter solch interessante wie Majoran, Kardamomsamen, süßer Fenchel, Kamille, Kiefernsprossen und Zitronenmelisse. Riecht zitrusfrisch, Wacholder kommt gut, sehr komplex. Schmeckt nach: Wald, Kiefer und Harz, leichter Wacholder, dann etwas Anis und frische Grapefruit, bis der Kardamom kommt und zum Abgang eine angenehme Süße entsteht.

Der Kampf um den besten Geschmack

Im Alten Testament war der Leviathan noch ein mehrköpfiges Seeungeheuer, in Moby Dick ein Wal und heute? Heute watschelt er uns in Frack und Fliege als friedfertiger Pinguin über den Weg. Sympathisch und smart. Darum haben die Macher des Gins, rund um seinen Brenner Markus Wurth, den Pinguin kurzerhand unter Vertrag genommen. Die einzigen Kämpfe, die heute noch gekämpft werden, sind die um die Ehre des Dry Gins und den besten Geschmack. Für einen Spitzen-Gin ist nicht mal das Beste gut genug. Die Botanicals und alle anderen Zutaten für den *Leviathan Gin* kommen aus der feinen Gewürzmanufaktur Edy Ledig und der andere Teil wächst direkt vor der eigenen Hausbrennerei.

Dry Gin at its best – without a beast

Um die 37 Botanicals zu einer wahren Gaumenfreude zu destillieren gehört viel Leidenschaft, ein hoher Anspruch und ein ausgefeiltes Handwerk: Einen best of the best Dry Gin zu kreieren ist ein echter Kampf – wenn auch ein leidenschaftlicher – bei dem sehr viel Herzblut fließt. Für uns Gin-Genießer lohnt sich der Kampf um Ehre und Geschmack des Dry Gin absolut. Statt mit Ungeheuern auf hoher See zu kämpfen, kann man sich mit einem *Leviathan* gemütlich zurücklehnen, während man seinen Gaumen auf eine Entdeckungsreise durch Zeiten und Kontinente schickt. Fazit: Dry Gin at its best – without a beast.

TASTING NOTES

Viel Frucht, viel Würze, komplexe Aromen. Zitrone, Kardamom, Wacholder – das Zusammenspiel der 37 Botanicals ist monströs, mutig, meisterhaft, bei aller Würze bleibt alles schön mild.

//

KATEGORIE
London Dry Gin

HERKUNFT
Deutschland

ENTSTEHUNG
2016

MARKENGRÖSSE
● ● ○ ○

LEVIATHAN DRY GIN

„Einer für alle und alle für einen Gin: Das Zusammenspiel aller Botanicals lässt den Genießer diesen Gin nicht vergessen.

Der Geist, der den Gin rief

Wenn man schon seit vielen Jahrzehnten erstklassigen Wacholdergeist produziert, liegt es nahe, auch einen erstklassigen Gin herzustellen, dachte man sich bei *Marder Edelbrände* aus dem Südschwarzwald. Das ist klar. So klar wie das Konzept von Marder Gin: Absolut elegant kommt der Marder daher. Klares Design, klares Wasser, klarer, frischer Geschmack – absolute Klarheit für's Auge – absolute Reinheit für Gaumen und Nase. Das Ziel für den erstklassigen, reinen Gin ist kein geringeres, als die Aromen der Natur völlig unverfälscht in die Flasche zu kriegen.

Minimalismus für maximalen Gin-Geschmack

Um diese absolute Klarheit und Reinheit zu erzeugen, macht man es sich bei *Marder Edelbränden* nicht leicht: Es wird mehrfach destilliert und destilliert und destilliert und anschließend wird nur absolut klares Quellwasser dazugegeben. So erhält der *Marder Gin* seine Reinheit, seine klare und weiche Struktur und ja – sogar seine ungewöhnliche Frische. Wer einen reinen und klaren Gin herstellen will, der braucht keine unzähligen Zutaten. Da genügt: ein minimalistisches Konzept, ein klares Rezept und ein feines Gespür für Aromen. Das Ergebnis ist ein minimalistischer Gin für absolute Reinheit und maximalen Gin-Geschmack. Fazit: Ganz klare Sache: Selten so ein erfrischendes Gin-Vergnügen gehabt.

//

KATEGORIE
Dry Gin

HERKUNFT
Deutschland

ENTSTEHUNG
2012

MARKENGRÖSSE
●●○○

TASTING NOTES
Zuerst ein Hauch von Bergamotte, dann eine schöne Zitrusnote in der Nase. Geschmack: unglaublich sauberer, reiner und weicher Geschmack. Sanfter Wacholder mit viel Frische, die dann fantastisch übergeht in eine angenehme Süße und abgeholt wird von einer dezenten Lakritznote.

"
Unser Gin ist typisch,
klar strukturiert,
mit einer auffallenden
Frische.

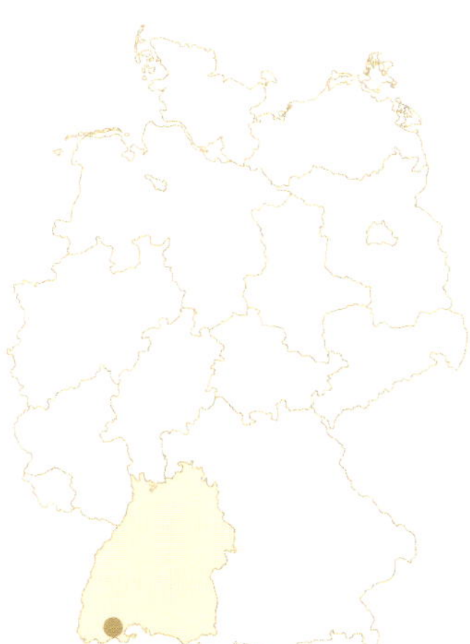

MARDER DRY GIN

Vom Finden der Fichtennadel im Schwarzwald

Die besten Ideen kommen nicht bei einem Brainstorming, die fliegen einem bei einem Spaziergang zu. Der beste Beweis hierfür sind die Macher des *Needle Blackforest Gin*. Bei einem Spaziergang durch ihren geliebten Schwarzwald hatten sie die Idee für ihren Gin und dann war auch sehr schnell klar, welche Aromen ins Glas kommen, um den Gin-Genießern ein echtes "Schwarzwald-Erlebnis" einzugießen. Eine große Idee zu finden ist wie das Finden der Nadel im Heuhaufen oder in dem Fall: Die Fichtennadel im Schwarzwald. Der *Needle Black Forest* war geboren – dank eines Schwarzwald-Spaziergangs. Und genau dieses Erlebnis kann man jetzt genießen.

Blackforest in a bottle

Hier ist Schwarzwald volles Programm. Von der Flasche (wunderbar waldgrüne Apothekerflasche), über das Logo (die gemeine Fichte – stilvoll designt), dem Verschluss (Echtholzkork), bis hin zum Allerwichtigsten, dem Destillat (der mit viel Herzblut und Leidenschaft hergestellte Gin). In ihm stecken 10 klug ausgewählte Botanicals, zu denen die von Hand gepflückten Fichtennadeln gehören. Fazit: Wer den Wald vor lauter Gins nicht mehr sieht, der greife zum *Needle Blackforest Gin* und finde die Fichtennadel im geschmacklichen Dschungel, der kaum noch zu überblickenden Gin-Welt.

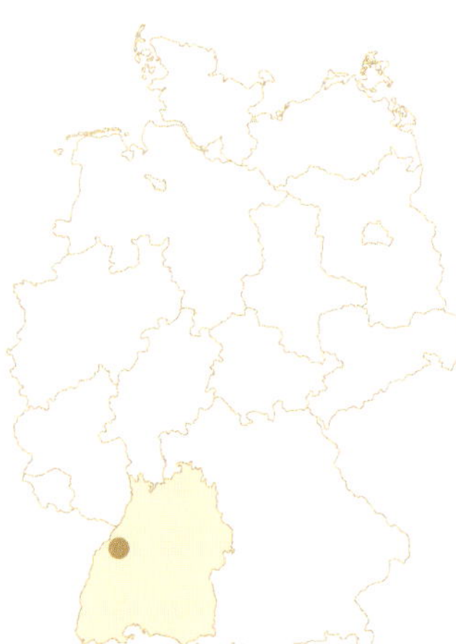

//

KATEGORIE
Distilled Dry Gin

HERKUNFT
Deutschland

ENTSTEHUNG
2016

MARKENGRÖSSE
● ● ● ○

TASTING NOTES
Wacholder bildet die Basis für die geschmackliche Gaumen-Reise durch den Schwarzwald, bei der man schnell auf den einzigartigen Geschmack von Fichtennadeln, Harz und feuchter Rinde trifft. Ab da wird's dann mild, frisch und ja – auch exotisch: Piment, Zimt und Ingwer verleihen dem Schwarzwälder einen Hauch von Orient.

NEEDLE BLACKFOREST GIN

„
Authentischer Geschmack von Schwarzwald im Glas?
All you need is Needle.

0,5 l // 40 %

neeka *PREMIUM DRY GIN*

neeka – EINZIG.NICHT.ARTIG.

Es gibt Gin-Macher, die machen einen einzigartigen Gin, aber nur wenige entscheiden sich dazu einen Gin zu machen, der einzig, aber nicht artig ist. *neeka PREMIUM DRY GIN* ist so ein Gin: Mystisch, aufregend urban, erfrischend frech. Was diesen Gin hier wohl einzigartig macht ist die fruchtige Mandarine. Frech, frisch, fruchtig – geschmacklich einzigartig, aber alles andere als artig. Die unglaubliche Fruchtigkeit der Mandarine verleiht dem *neeka* eine mystische Ausstrahlung. Für den Rest Mystik sorgt ein elegantes Flacon, mit einem stilvollen goldenen Sechseck, auf einer wunderschön nachtschwarzen Flasche.

//

KATEGORIE
PREMIUM DRY GIN

HERKUNFT
Deutschland

ENTSTEHUNG
2018

MARKENGRÖSSE
● ● ○ ○

TASTING NOTES
5 Botanicals,
1 Versprechen für alle Gin-Sinn-Sucher:
neugierig = Mandarine,
echt = Wacholder,
entschlossen = Zitronengras,
kraftvoll = Kardamom,
anders = Kamille.

Every city needs a neeka

Vom Schwarzwald inspiriert, im Schwarzwald geboren, in den Metropolen dieser Welt groß geworden. Da gehört *neeka* hin. Aber trotzdem: Das goldene Herz dieses Gins – und das schmeckt man – schlägt für das dichte Unterholz, die dunklen Wälder, die tiefen Täler und klaren Seen, aber aus der Ferne. Denn nur so kann man eine tiefe Sehnsucht für die Heimat entwickeln und von ihrer Schönheit erzählen. Das tut *neeka* mit Leidenschaft und Leichtigkeit, wie ein feiner Nebel schwebt sie über den Dingen und bringt die Mystik des Black Forest in die Großstadt. Every city needs a *neeka*. Fazit: Ein Gin, so mystisch wie der Schwarzwald, mit der frech-urbanen Seele einer Weltmetropole – kurz: EINZIG.NICHT.ARTIG.

> **Erfrischend süßes Mandarinenaroma trifft auf Wacholder, Zitronengras, Kardamom und die sanfte Leichtigkeit der Kamille.**

Inspiriert von der Welt, zu Hause am Bodensee

Der handcrafted *Lakestuff* aus dem Hause *Peter Prime Finest* hat seine Einflüsse aus der ganzen Welt, seine Heimat hat er am Bodensee. Basierend auf der Story von Peter Prime, einem findigen Geschäftsmann, der durch die Welt reiste, um die exotischsten Güter und die entlegensten Orte zu entdecken – wird der *Lakestuff* mit mindestens genauso exotischen Zutaten hergestellt.

Mit Gin den geschmacklichen Mount Everest erklimmen

Mit der Herstellung des *Lakestuff* verfolgte man kein geringeres Ziel, als die wunderbar exotischen Aromen der Welt in einer Flasche Gin einzufangen. Hierfür bietet der Bodensee gute Voraussetzungen. Vereinzelt herrschen hier fast schon mediterrane Zustände. Handcrafted wird der *Lakestuff* im Single-Batch-Verfahren destilliert. 100 Flaschen pro Destillation. Jedes Fass, ein Unikat und bester local stuff inside. Nur qualitativ hochwertige Botanicals und bestes Quellwasser vom Bodensee. Der Anbau aller Zutaten wurde nachhaltig angelegt. *Lakestuff Dry Gin* aus dem Hause Peter Prime – das ist eine Geschmacks-Weltreise zu den exotischsten Plätzen dieser Welt. Unser Fazit: Mit dem *Lakestuff* haben die Macher ihren geschmackliche Mount Everest erklommen.

TASTING NOTES

Wundervoll feines Aroma strömt nach dem Öffnen aus der Flasche – macht neugierig und überzeugt auch am Gaumen. Fruchtige Zitrone, Orange und Limette verleihen ein natürlich frisches Aroma. Störende Alkoholnote? Nope. Schwarzkümmel gibt etwas Pfeffer. Im Abgang sehr fruchtig und floral. Der perfekte Begleiter zu einem Gespräch bei Sonnenuntergang oder auf einer Weltreise.

//

KATEGORIE
New Western Dry Gin

HERKUNFT
Deutschland

ENTSTEHUNG
2017

MARKENGRÖSSE
● ○ ○ ○

LAKESTUFF DRY GIN

„
Der Gin ist besonders fruchtig, seine fein abgestimmten Ingredients umgarnen den Geschmack des Wacholders.

SOMM 16 – DISTILLED GIN

Großer Geist in kleinen Chargen

Tun sich 16 Edelbrandsommeliers in einem Schwarzwaldkloster zusammen um den Geist des Klosters in einer Flasche Gin einzufangen. Klingt nach einem großen Unterfangen. War es auch. Zahllose Versuche und Experimente folgten. Genuss pur sollte es sein, nicht weniger. Leichter gesagt, als destilliert. Aber dann war es endlich soweit und die erste Flasche *SOMM 16* wurde in einer Brennerei am Bodensee geboren. Ein Gin, der die Handschrift von 16 Edelbrandsommeliers trägt kann alles, außer gewöhnlich. Komplex, wunderbar frisch und lebendig. Soweit die gute Nachricht, die nicht so gute: Der *SOMM 16* wird leider nur in kleinen Chargen und in limitierten Auflagen hergestellt.

//

KATEGORIE
London Dry Gin

HERKUNFT
Deutschland

ENTSTEHUNG
2014

MARKENGRÖSSE
● ● ● ○

TASTING NOTES
Frisch, lebendig. Kräftige Würze von Wacholder und Koriander. Dazu gesellen sich erfrischende Zitrusnoten, Gewürze und Blüten. Der Abgang ist komplex, weich und vor allem angenehm lang.

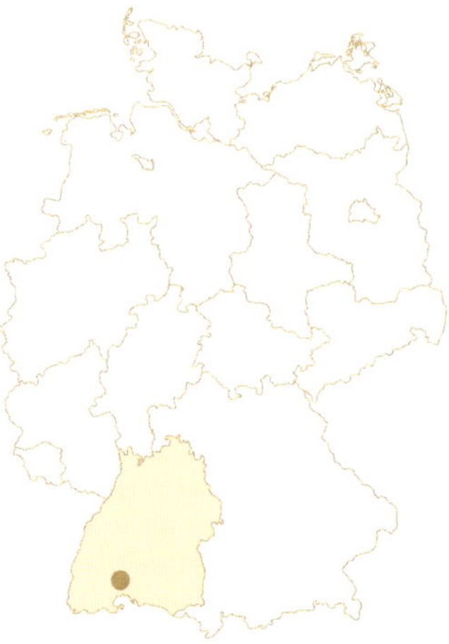

16 geistreiche Gaumen können nicht irren

Jede einzelne Flasche wird von Hand signiert und ist ein Unikat echter Brennkunst – gleich 16 mal. Wir würden sie gern hier namentlich vorstellen, die 16 großen Geister, denen wir diesen großartigen Gin zu verdanken haben, aber das würde den Rahmen sprengen. 16 geistreiche Gaumen können nicht irren, da waren sich auch Kritiker einig. 2014 erreichte der *SOMM 16* bei der *Craft Distilling Expo 2014* in London als “Contemporary Gin of the Year” auf Anhieb einen Spitzenplatz, 2019 dann auch Gold auf der *Destille Berlin*. Fazit: Ein geistreicher Gin für geistreiche Gin-Genießer – ob allein oder mit 16 Freunden. Wer alle 16 Sommeliers kennenlernen möchte, hier sind sie versammelt: somm16.com!

> ”
> **SOMM 16 – der SOMMELIER-Gin. Ein Unikat echter Brennkunst!**

STEINHAUSER DRY SEEGIN®

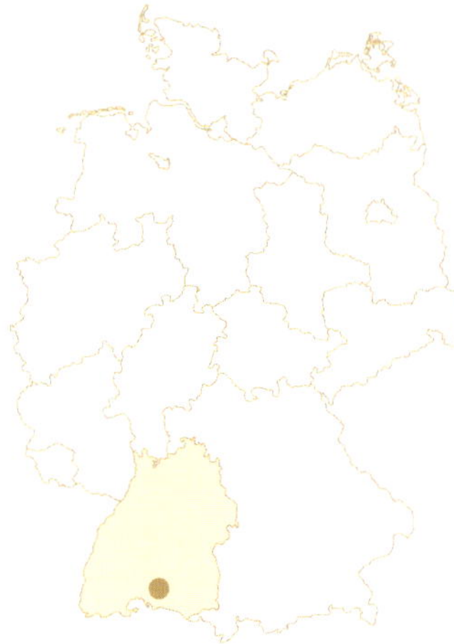

TASTING NOTES

Geschmack von süßlicher Zitrus, Zitronenpfeffer und Kumquats. Alles harmonisch komponiert mit dem frischen Duft von Orange. Eine wärmende Mandelnote sorgt für einen laaaaangen Abgang. Egal ob pur, auf Eis oder als Longdrink – die genussvolle Entschleunigung ist garantiert.

Ein Gin auf die Entschleunigung

Wir leben in einer schnellen, lauten, hektischen Welt. Kurzlebige Trends ploppen ständig überall wie Starbucks aus dem Boden. Alles wird gehypt und versinkt morgen wieder in der Versenkung. Ist es da nicht schön, sich mit einem Glas in der Hand ein wenig zu entschleunigen? Ein Schluck *SeeGin®* und schon ist klar, dass man Werte wie Beständigkeit schmecken kann. Tradition lässt sich eben nicht kopieren. Die muss man sich erarbeiten. Das Ergebnis kann so etwas Großartiges sein wie der *Steinhauser Dry SeeGin®*. Den Spagat zwischen Tradition und Moderne schafft die *Steinhauser GmbH* wunderbar – schon seit 1828.

Bodenständigkeit, Bodensee, bester Gin der Welt

Qualität schlägt eben jeden Hype und zahlt sich am Ende immer aus – manchmal sogar in Form von Preisen. 2013 hat die *Steinhauser GmbH* schon seit Jahrzehnten Edelbrände und Wacholder destilliert, da liegt es nahe, sich der Gin-Produktion zu widmen. Man kreiert eine Rezeptur. In den Hauptrollen die Botanicals Zitronengras und Melisse. Die Geburtsstunde des 1. Steinhauser *SeeGin®*. Stolz schickt man den Nachwuchs zur internationalen Prämierung des IWSC nach London. Zurück kommt der Kleine mit einem ganz großen Titel: *Weltbester Gin der Kategorie Dry Gin.* Wir verneigen uns.

//

KATEGORIE
London Dry Gin

HERKUNFT
Deutschland

ENTSTEHUNG
2013

MARKENGRÖSSE
● ● ○ ○

"

Traditioneller Spitzen-Gin: weich, fruchtig, würzig – nicht umsonst Weltmeister 2014.

Sturzflug statt Abflug

Dachte sich der viel prämierte Sternekoch Josef Bauer nach Eintritt in den Ruhestand. Warum ruhen, wenn man die hauseigene Destille wieder in Betrieb nehmen kann? Also reanimiert Josef Bauer seine Destille. Er brennt die ersten Obstbrände, Kräuter, Korn und Whisky. Was der Sternekoch von seinen Gerichten verlangt, verlangt er auch von seinen Destillaten: Echte Spitzenklasse. 2017 nimmt er seinen ersten Gin ins Visier. 15 handverlesene Botanicals nutzt er. Darunter ungewöhnliche wie Paradieskörner und Tonkabohne. Statt einen Abflug zu machen, produziert Josef Bauer mit seinem *Sturzflug* einen echten Überflieger.

Mit Sturzflug Jagd auf die Geschmacksknospen

Vom schwäbischen Rosenberg aus, schwingt sich der *Sturzflug Premium Dry Gin* in die Lüfte, um die Gin-Welt zu erobern. Sturzflug – eine Ansage, aber auch eine verführerische Balz um die Gunst des Gin-Genießers. In der Tierwelt bezeichnet der *Sturzflug* die schnellstmögliche Verringerung der Flughöhe eines Vogels zur Jagd oder zur Balz. *Sturzflug Premium Dry Gin* – von der Flasche direkt ins Glas. Die Jagd auf die Geschmacksknospen kann beginnen... Guten Sturzflug!

TASTING NOTES

3 Gründe, warum der Sturzflug unglaublich ungewöhnlich ist:
#1: Geheime Zutaten (Sorry Leute – wir wissen auch nicht mehr!).
#2: Die Wacholderbeeren reifen Jahre und werden getrocknet destilliert.
#3: Sein markanter Charakter dank des rauen Klimas der Ostalb. Dazu Koriandersamen, Orangenschalen, Zitronen- und Limettenschalen, Ingwer und Kubebenpfeffer. Ein Schuss Exotik: Paradieskörner und süß-bittere Vanille-Noten dank Tonkabohnen. Ergebnis ist ein echter Höhenflug für den Gaumen.

//

KATEGORIE
London Dry Gin

HERKUNFT
Deutschland

ENTSTEHUNG
2017

MARKENGRÖSSE

STURZFLUG PREMIUM DRY GIN

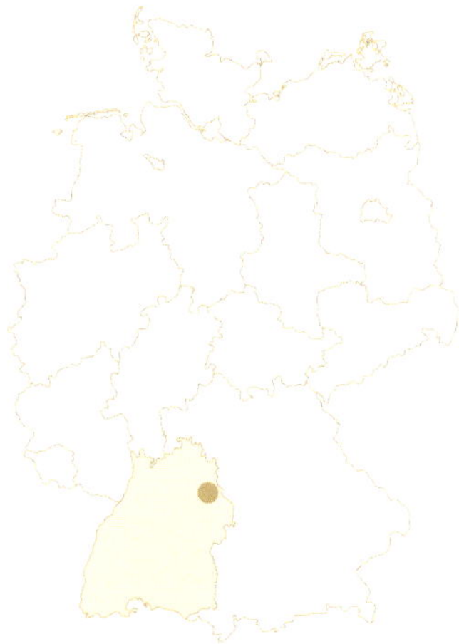

”

Zitrusfrischer Gin aus der Destillerie von Sternekoch Josef Bauer.

”
Ein Gin, der alle Sinne stimuliert und mit seiner geheimnisvollen Blüte „Clitoria Ternatea“ verzaubert.

CLITORIA GIN

//

KATEGORIE
Infused Dry Gin

HERKUNFT
Deutschland

ENTSTEHUNG
2017

MARKENGRÖSSE
●●○○

TASTING NOTES
Gutes Kräuteraroma in der Nase, dann frisches Lemongras, Koriander und Zimt. Geschmack: Schlehe, viele Kräuter – alles sehr schön verspielt und trotzdem zauberhaft gut aufeinander abgestimmt.

Ginsalabim: Vom Schmetterling zum Wunder-Gin

Die bayerische *Brennerei Stocker* hat für ihren *Clitoria Gin* tief in die Zauberkiste gegriffen: Aber verblüfft ist man sogar schon vor dem eigentlichen Zauber: Der *Clitoria Gin* ist ein absoluter Hingucker: petrolblau. Fast leuchtend ist die Farbe des Gins. Und jetzt kommt der Zauber: Füllt man ihn mit Tonic Water auf, kommt es zu einem beeindruckenden Verwandlungseffekt: Der *Clitoria Gin* verändert seine Farbe. Die Idee zu diesem überraschenden Farbenspiel hatte man bei Stocker, als man sich mit der Blüte der Schmetterlingserbse "Clitoria Ternatea" beschäftigte. Im asiatischen Raum wird die Blüte als "Blauer Zaubertee" gern getrunken. Bei Stocker war man sofort begeistert von der Idee eines farbigen Gins.

Ein Gin – so geschmacklich bunt wie das Leben

Passend dazu prangt ein Schmetterling auf dem verspielten Etikett und steht als Symbol der Verwandlung. Aber was steckt in einem so farbenfrohen Gin eigentlich? Also klar Wacholder, aber auch Vogelbeere! Schlehe, Lemongras (der asiatische Sidekick), Koriander, Piment, Kardamom, Lavendel, die geheimnisvolle Schmetterlingserbse und zwei weitere geheime Botanicals verzaubern die Sinne und bringen die Geschmacksknospen zum Flattern. Fazit: *Clitoria Gin* – ein Gin, so geschmacklich bunt und überraschend wie das Leben. Wir sind dann mal verzaubert…

Der Wilde Mann und der Gin

Bisher war das *Hotel Wilder Mann* in Aschaffenburg bei vielen Spessart-Touristen und Stammgästen für gutes Essen, das eigene Bier, gesellige Feiern und bequeme Betten beliebt und berüchtigt. Ab jetzt wird der *Wilde Mann* auch für seinen eigenen Gin bekannt sein: Der *Donkey 69* – eine liebevolle Hommage an den Spessart. Als Botanicals dienen unter anderem Kräuter aus heimischen Wäldern und Wiesen. Die angestammte Spessarteiche sorgt für die ganz besondere Geschmacksnote – nicht nur als Botanical während der Destillation: Ein Stück echte Spessarteiche liegt als Holzklötzchen am Boden der Flasche und verströmt ein wunderbar waldiges Aroma.

Don't be a donkey, drink a Donkey 69

Mit dem Namen *Donkey 69* verweist man respektvoll auf den uralten Eselsweg vor den Toren Aschaffenburgs. Diese 69 Kilometer lange Salzhandelstraße führt quer durch den Spessart, wo viele Jahrhunderte die Säcke mit dem Salz aus Bad Orb auf einem Esel nach Großheubach am Main transportiert wurde. Von dort aus ging das begehrte Salz um die ganze Welt. Ein langer Weg hin zu einem überraschend erstklassigen Gin, der auch noch Spaß macht, bevor man überhaupt die Flasche aufmacht. Heute denkt jeder Esel, er könne einen Gin machen, aber nicht jeder kann einen *Donkey 69* machen. Fazit: Don't be a Donkey, drink a Donkey.

TASTING NOTES

Komplexe Kräuter, intensiv würzig und trotzdem angenehm mild. Eine leichte Süße wird abgeholt von einer schönen Wacholdernote. Das intensive Nadelaroma schickt eure Synapsen auf einen Spaziergang durch den Spessart.

//

KATEGORIE

Spessart Gin

HERKUNFT

Deutschland

ENTSTEHUNG

2017

MARKENGRÖSSE

● ○ ○ ○

DONKEY 69

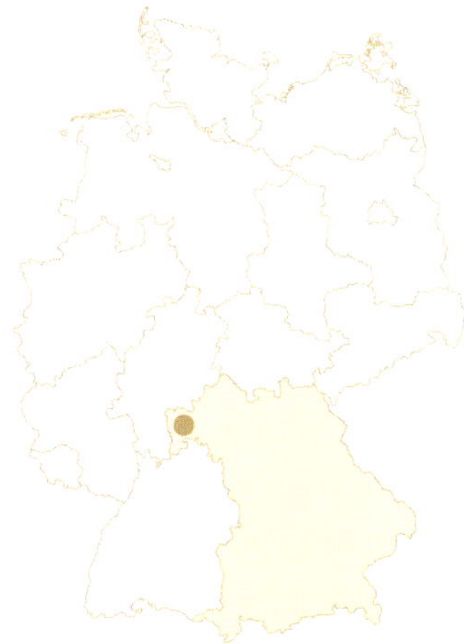

”

Der Gin mit der speziellen Note aus dem Spessart.

ESCHENBLATT GIN

„
Drei Varianten der besten Gins weltweit. Einzigartig produziert in Kleinstchargen.

Vom Bauernhof zur hochmodernen Kleinbrennerei

Zwei Brüder, ein Gedanke: Warum den sanierungsbedürftigen alten Bauernhof der Tante nicht umfunktionieren in eine Kleinbrennerei? Die Brüder Christian und Franz legen los. Eine gebrauchte, alte Destillationsapparatur wurde in mehreren Optimierungsschritten zu einer der modernsten dieses Gewerbes ausgebaut um den Qualitätsanforderungen der Destillate gerecht zu werden. Absoluter Hingucker der kleinen Familien-Destille wird der Raum mit dem hochmodernen Brennkessel.

Ein Trio für jeden Gin-Geschmack

Fehlt nur noch der Name. Und weil die Brüder so heimatverbunden sind, ist der Name auch bald da: *ascaim edle destillate* – klingt gut, sollte man aber vielleicht erklären. *Ascaim* ist Althochdeutsch und wird in unserer heutigen Zeit zu Aschheim, das Heimatörtchen des Familienbetriebs bei München. Nach den ersten Bränden folgen die ersten Gins. Und weil alle guten Dinge immer drei sind, hat die Destille ein Gin-Trio am Start. Den *Eschenblatt Gin*, den *Sloe Gin* und den *Quince Gin:* Wird mit feinstem Quittensaft geblendet. Das Ergebnis ist ein nach Gin riechender und nach Quitten schmeckender Quince-Gin. Erfrischend anders bekommt hier mal wirklich seine wahre Bedeutung. Fazit: Absolutes Unikat in der Gin-Welt. Cheers!

//

KATEGORIE
New Western Dry Gin

HERKUNFT
Deutschland

ENTSTEHUNG
2014

MARKENGRÖSSE
● ○ ○ ○

TASTING NOTES
Eschenblatt Gin: *Schön komplex durch die 28 Botanicals. Darunter auch sein Namensgeber die heimische Esche. Ein charaktervoller und erfrischend moderner New Western Dry Gin.*
Der Sloe-Gin: *Wird nicht wie der* ***Quince Gin*** *mit selbstgepressten Quittensaft geblendet, sondern mit feinstem Schlehensaft. Dadurch bekommt er einen Hauch von Marzipan, mit wunderbar weichem Abgang.*

feel! Munich Dry Gin -
aromatisch, biologisch,
zitronig-fruchtig.

FEEL! MUNICH DRY GIN

//

KATEGORIE
New Western Dry Gin

HERKUNFT
Deutschland

ENTSTEHUNG
2012

MARKENGRÖSSE
● ● ○ ○

TASTING NOTES
Super smooth. Wacholder, dazu etwas Zitrusfrische, Limetten und dann viel Frucht: Heidelbeeren, Holunder- und Aroniabeeren. Dazu die Würze von Koriander und Kubebenpfeffer, sanft aufgefangen durch den Lavendel. Zurück am Gaumen bleibt eine frische Zitrusnote.

Ein Gin wie ein guter Freund

Korbinian Achternbusch wusste von Anfang an genau was er wollte: Einen erstklassigen Gin, ganz ohne Zucker und Zusatzstoffe auf den Markt bringen – in bester Bio-Qualität. Ein 100% durch und durch ehrliches Produkt.
Und weil das nicht von heute auf morgen geht, brauchte es fast ein Jahr lang, um die 17 Botanicals zu einem großen Geschmackserlebnis zu vereinen, das man nicht nur schmecken kann. *Feel! Gin* gibt dir ein gutes Gefühl (nein – nicht wegen des Alkohols!). Das liegt zum einen an den Bio-Zutaten und zum anderen an seinem Spirit. Würde man ihn personifizieren, wäre er der beste Freund, der immer einen guten Rat parat hat, auf den man sich verlassen kann und mit dem man sich irgendwie immer gut fühlt.

100% Spirit – 0% Sugar – 100% super Premium-Gin

Von Hand und von Korbinian persönlich werden alle Früchte und Gewürze sortiert und geprüft. Das Mazerieren in bestem Bio-Agraralkohol – wie könnte es anders sein – ist Voraussetzung. Korbinian ist es ein Anliegen, einen nachhaltigen Beitrag für seine Mitmenschen und unsere Natur zu leisten. Respekt dafür. Und wenn der Beitrag dann so schmeckt, haben wir auf jeden Fall vom Drink-Feeling her – ein gutes Gefühl. Fazit: 100% Spirit – 0% Sugar – 100% Super Premium-Gin. Drink it. Feel it. Love it.

//
KATEGORIE
New Western Dry Gin

HERKUNFT
Deutschland

ENTSTEHUNG
2017

MARKENGRÖSSE

Kreiert um zelebriert zu werden

Es gibt ja unzählige Wortspielereien in der Welt des Gins, aber diese hier macht wirklich mal Sinn, ist kreativ und passt ganz wunderbar. Wie das Zusammenspiel von Heidelbeere und Wacholderbeere. Das passt perfekt – wie zwei gute Freunde. Genau so wollten es die Macher des *Huckleberry Gin*. Insgesamt stecken 22 gut ausgewählte und handverlesene Botanicals im Gin – darunter die erwähnte Huckleberry (Heidelbeere) die den Gin sehr mild und schön fruchtig macht. Dreifachdestilliert und erst im letzten Destillationsschritt kommen die frischen Himbeeren und Heidelbeeren in den Kessel und verleihen dem Gin so seinen besonderen beerigen Geschmack. *Huckleberry Gin* wird sorgfältig von Hand und mit viel Ruhe von seinem erfahrenen Meisterdestillateur in einem Kupferkessel hergestellt.

Ein Gin auf echte Freundschaft

Der *Huckleberry Gin* wurde kreiert, um zelebriert zu werden und ist eine Hommage an die Freundschaft. Schon die Flasche und das Etikett wecken freundschaftliche Gefühle. Da bekommt man gleich Lust, sich eine Flasche *Huckleberry Gin* zu greifen, um ihn gemeinsam mit einem guten Freund zu genießen und dabei auf's Wasser zu schauen. Fazit: Der *Huckleberry Gin* schmeckt immer, aber am besten mit Freunden. Auch pur "on the rocks" ist er ein einzigartiges Geschmackserlebnis. In diesem Sinne: Auf die Freundschaft und den guten Geschmack!

TASTING NOTES

Die Heidelbeeren, zusammen mit der Himbeere und der Wacholderbeere machen ihn so fruchtig, so mild, dass man ihn gern pur auf Eis genießen kann. Der Abgang ist schön komplex und lang und kommt durch den Zimt und den Koriander leicht würzig. Absolut fruchtig!

HUCKLEBERRY GIN

"

Ein mit Liebe in Handarbeit hergestellter Heidelbeer-Gin und eine Hommage an die Freundschaft!

HUCKLEBERRY GIN // NEW WESTERN DRY GIN

0,5 l // 44 %

KAISER HILL 16 BAVARIAN DRY GIN

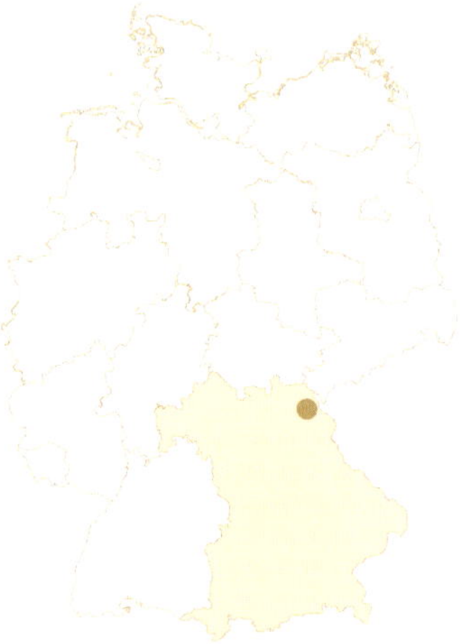

Gin. Dry Gin. Bayerisch. Klassisch. Modern.

1957 hat man in der traditionsreichen *Steinwald-Brennerei Schraml* eine innovative Idee: Ein bayerischer Gin sollte kreiert werden. Heute kaum vorstellbar, aber 1957 war eine solche Idee mehr als exotisch. Die Idee wurde umgesetzt und auf den griffigen Namen "Krammelbeer Dry Gin" getauft. Krammel – so nennt man nordbayerisch liebevoll den Wacholder. Fünf Jahrzehnte später bekommt der Gin seinen neuen Namen: *Kaiser Hill 16*. Benannt nach seinem Geburtsort im Stammhaus der Brennerei am Kaiserberg 16. Aber auch heute noch orientiert man sich bei der Herstellung konsequent am Rezept des legendären Alois Schraml. Gin. Dry Gin. Bayerisch. Klassisch

Never change a winning Gin

Gebrannt wird wie früher. Erst Wacholder, dann Gewürze. Damals war das so. Dabei bleibt die bayerische Destillerie. Auch heute. Never change a winning Gin. Oder wie die Macher selbst so sympathisch sagen: MIA SAN GIN – seit nunmehr 60 Jahren. Das ist der Kern ihrer Philosophie und die Art, wie sie ihren Gin herstellen. Immer das Beste geben, immer auf dem neuesten Stand, aber sich treu bleiben. Bayerisch authentische Art, traditionelles Handwerk – denn so verstehen sie sich: Als echte Handwerker. So viel bayerische Sympathie wird 2013 beim World Spirit Award mit Gold ausgezeichnet. Fazit: Old Original Bavarian Gin – neu interpretiert, ohne dabei jedem Modetrend hinterher zu jagen.

//

KATEGORIE
London Dry Gin

HERKUNFT
Deutschland

ENTSTEHUNG
1957

MARKENGRÖSSE
● ● ○ ○

TASTING NOTES
Kräftige Wacholdernote, erfrischende Zitrusnoten, Ingwer, Nelke, Koriander und Kardamom, schön weich und mild. Der Abgang ist wunderbar komplex und lang.

"

Das Aroma des Wacholders harmoniert mit 10 sorgsam komponierten Botanicals und geben dem Destillat eine breite und füllige Struktur – ein harmonischer, milder Dry Gin.

Inspired by Tulsi, Ginfused in Germany

Für die Macher des *Momentum German Dry Gin* beginnt es mit einer Faszination für Gin und Basilikum. Es wird zwei Jahre viel probiert, experimentiert und variiert. 2014 ist es soweit. Der finale *Momentum German Dry Gin* ist da. Die Zeit steht still. Oder sagen wir besser: Eine neue Zeitrechnung beginnt, denn das *Momentum*, mit einer Ginfusion von feinen Kräutern und seinem heiligen Tulsi Basilikum, bringt eine völlig neue geschmackliche Zeitrechnung für Basil Drinks. Es ist der allererste Premium Gin, speziell für Basil- und „Cuisine Style"-Kreationen entwickelt. Ein echtes Momentum. Ein Match made in Heaven mit himmlisch guten Aromen.

Das richtige Momentum zur richtigen Zeit

Ein Momentum erschafft man (nicht) über Nacht. Das Erhitzen der Kräuter, um die wertvollen ätherischen Öle zu gewinnen und das Abkühlen passiert über Nacht. Erst am nächsten Morgen wird stufenweise destilliert. Nur so bringt man zur richtigen Zeit ein richtiges Momentum richtig erfolgreich auf den Markt. Und nur so gewinnt man 100% puren Geschmack – ohne Geschmacksverstärker und künstliche Aromen. Ein Momentum der Destillationskunst. Made in Germany.

Fazit: Wer schon immer mal wissen wollte, wie es ist, den perfekten Moment zur richtigen Zeit zu erwischen, der greife zum *Momentum*. Momentum mal: Wo sind wir hier eigentlich? Ach, egal, auf den Moment, ach was, auf das Momentum!

TASTING NOTES

Egal wie, als Gin & Tonic, pur auf Eis oder als Cocktail – das größte Momentum ist, wenn einen die erfrischende Tulsi Basilikum-Note gepaart mit würzigem Ingwer erwischt.

//

KATEGORIE
New Western Dry Gin

HERKUNFT
Deutschland

ENTSTEHUNG
2014

MARKENGRÖSSE
● ● ○ ○

MOMENTUM GERMAN DRY GIN

"

Match made in Heaven:
Heiliges Basilikum und würziger Ingwer – ein Momentum himmlischer Aromen.

GRANIT BAVARIAN GIN

Made by GRANITe. Born in Bavaria

Die traditionsreiche Hausbrennerei *Penninger* hat mit ihrem *GRANIT Bavarian Gin* einen echten Coup gelandet. Das merkt man schon, wenn man die Flasche anschaut: Das Etikett – im klassischen Look – verweist auf einen der wichtigsten Rohstoffe der Region: Granit. Der übrigens im Konzept perfekt eingebunden wird und nicht nur als Label herhalten muss: Der Gin wird über eine Säule von Granitsteinen verschiedener Größe und Körnung filtriert, was ihm den perfekten letzten Schliff verleiht. Gefiltert durch echten bayerischen Granit: Dafür steht er mit seinen Namen. Kristallklares Wasser aus den Bergen des bayerischen Waldes verleiht ihm seine besondere Milde.

//

KATEGORIE
Traditional Style Gin

HERKUNFT
Deutschland

ENTSTEHUNG
2014

MARKENGRÖSSE
● ● ● ○

TASTING NOTES
Deutliche Wacholdernote, sehr mild und angenehm. Die intensive Kräutermischung (u.a. Enzian) ist ein Erlebnis für den Gaumen. Im Abgang bleibt erfrischende Zitrone zurück. Tolle herbe Frische. Der Abgang bleibt angenehm mild.

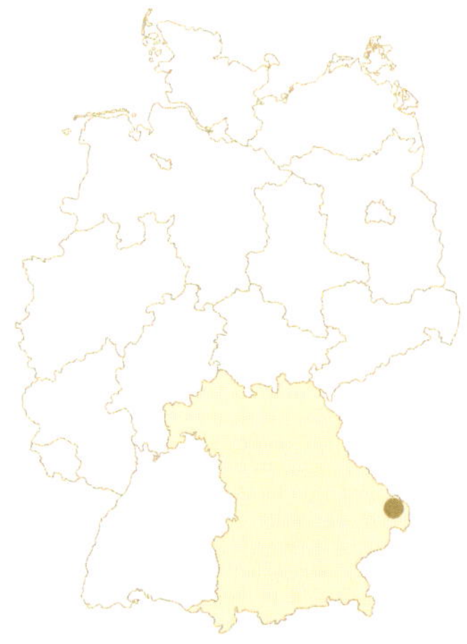

Lieber GRANIT trinken, als auf Granit beißen

Traditionelle Gin-Gewürze, klug kombiniert mit bayerischen Kräutern und Pflanzen. Alles 100% Bio. Handwerklich außergewöhnlich und doch klassisch hergestellt, kommt der charmante Bayer doch absolut modern rüber. Fazit: Bayerische Tradition perfekt in die Moderne überführt. Da trinkt man gerne einen kräftigen Schluck GRANIT– ohne dabei auf Granit zu beißen – versprochen. Aber wer's trotzdem mal versuchen möchte, kann das tun: Zu jeder Flasche *GRANIT Bavarian Gin* gibt es als Beigabe einen kleinen handgeschlagenen Hauzenberger Granitstein. Kleiner Tipp: Granitstein Einfrieren und anschließend als Eiswürfel für den *GRANIT Bavarian Gin* + Tonic benutzen und in Ruhe (am besten mit Bergblick) genießen – cheers!

"

Bringt bayerische Kräuter, klassische Gin-Gewürze und die Erfahrung von über 100 Jahren Brennerhandwerk ins Glas.

Der King ist der King ist der King Gin

Wer sich vornimmt aus 50 Botanicals ein wahres Geschmackserlebnis zu kreieren, der sollte viel Zeit mitbringen. Und viel Leidenschaft. Setzt man die Vision perfekt um, darf man seinen Gin auch völlig vorbehaltlos *The King Gin* nennen. Weil – er ist dann einfach der King. Punkt. Drei Jahre Leidenschaft, Liebe und Sorgfalt haben die Macher in den *King* investiert. Hergestellt wird der *King* Gin bei Freising in einer kleinen Manufaktur. Alles in Handarbeit, selbst die Bio-Zitronen werden von Hand geschält und auch das Bekleben der Flaschen mit dem königlichen Etikett wird liebevoll von Hand und vor Ort erledigt. 50 beste Botanicals kommen erst nach sorgfältiger Auslese in den Kupferkessel. So viel Mühe, Arbeit und Sorgfalt – alles für den King.

Small Batch, sensual King

Hergestellt wird der *King Gin* traditionell als Premium London Dry Gin. Die klassischen Gin-Aromen werden ergänzt durch aphrodisierende Gewürze und stimmungsvoll zu einem würzig-floralen Bouquet vereint. Zum Schlussbekommt der *King* sein königliches Gewand. Gin-Freak Fact: Jede Flasche ist nummeriert mit ihrem Batch. Alles für den *King*. Und für die Gin-Kings unter den Gin-Genießern, die ihren Gaumen königlich verwöhnen wollen: Drink like a King, take a *King Gin*. Fazit: Königlicher Gaumengenuss. Ein echter *King Gin* oder Gin King?

TASTING NOTES

Würzig-florales Bouquet. Fruchtige Zitrusfrüchte wie Orange und Zitrone. Dazu edle Tonkabohnen, Wacholder, Koriander, Kardamom und Angelika – königlich floral, würzig, zitronig.

//

KATEGORIE

Premium London Dry Gin

HERKUNFT

Deutschland

ENTSTEHUNG

2012

MARKENGRÖSSE

● ○ ○ ○

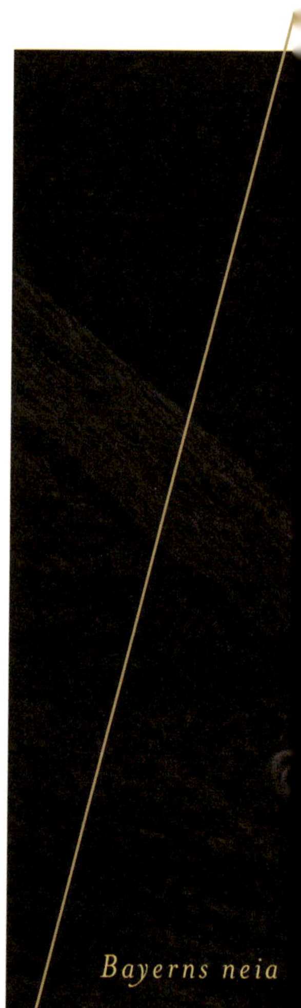

THE KING GIN

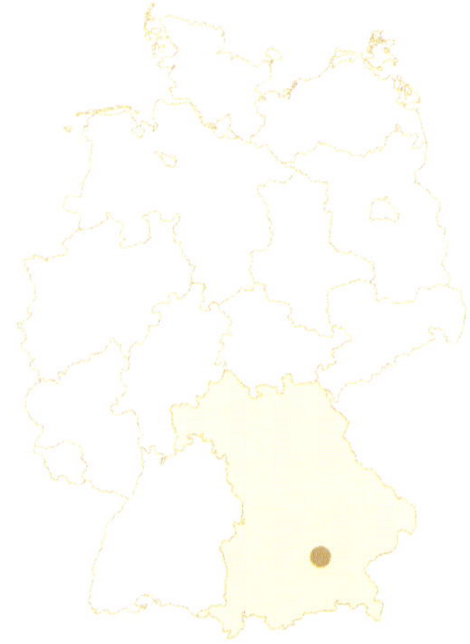

„

Königlicher Geschmack aus 50 ausgewählten Botanicals, in Handarbeit und mit viel Liebe destilliert – alles für den King.

Geschmackserlebnis für die Sinne

Künstler machen Kunst, die man anschauen, aber häufig nicht berühren kann. Oder darf. Der *Künstler Franz von Stauffenberg* wollte mehr. Er wollte Kunst schaffen, die man anfassen, riechen und schmecken kann. Seit seiner Kindheit hat er den Geruch von Obstbränden in der Nase. Regelmäßig wurden zuhause Zwetschgen destilliert. Da kommt ihm die Idee vom klassischen Gin – modern interpretiert. Alle Zutaten aus biologischem Anbau – hangover-free. Mit viel Kunstfertigkeit, aber ohne künstliche Zusatzstoffe. Ein konzeptionelles Geschmackserlebnis für die Sinne.

Große Kunst: Mit einfachsten Mitteln ein Spitzenprodukt herstellen

Stauffenberg stellt seinen Gin in der Destillerie allein, von Hand und in nur kleinen Chargen her. Der kupferne Destillationsapparat auf dem er den mehrfach ausgezeichneten *Stauffenberg Gin* brennt, ist mit 80 Jahren ein sehr einfaches Gerät, fordert aber die gesamte Kunstfertigkeit des Brenners. Gerade das macht großen Spaß: Mit einfachsten Mitteln ein hochwertiges Spitzenprodukt in kleinsten Chargen herzustellen – große Kunst wird eben nicht für die Masse produziert. Aber zum Glück gibt's den Stauffenberg Gin in drei Varianten. Fazit: Kommerz können viele, echte Kunst muss man können. Hier gibt es große Kunst, die man mit all seinen Sinnen genießen kann.

STAUFFENBERG DRY GIN

© Sorin Morar Fotografie

//

KATEGORIE
London Dry Gin

HERKUNFT
Deutschland

ENTSTEHUNG
2013

MARKENGRÖSSE
● ○ ○ ○

TASTING NOTES
Vielschichtige Aromen von Wacholderbeeren, Orange, Zitrone, Lavendel, Koriander, Zitronenmelisse, Nelken, Kardamom und Ingwer. Schön würzig, wunderbar komplex.

STAUFFENBERG DRY GIN // LONDON DRY GIN

0,5 l // 47 %

Von einem der auszog, um den Süden in den Norden zu holen

Bei einer seiner Reisen nach Portugal verliebt sich der Hamburger Stephan Garbe in das Land, die Menschen und in einen Fisch. In einen Bacalhau. Dieses Fischgericht bekommt Garbe in Dona Alices "Adega" aufgetischt. Schon ist er infiziert mit der "Lusophilie" – der Liebe zu Portugal, der Kultur und der Sprache. Er reist durchs Land, erlernt – mit Händen und Füßen – in Bars die Sprache, saugt die Kultur auf und geht seiner zweiten großen Leidenschaft nach: Den gepflegten 5-Uhr Gin glücklich wehmütig vor der perfekten Kulisse der rauen Atlantikküste genießen. Garbe pendelt zwischen Hamburg und Portugal. Bis er eines Tages am Strand von Odeceixe eine Idee hat: Ich hole den Süden Portugals in den hohen Norden!

Gin Sul – das Tor zu einer sonnigen Welt

Garbe will einen Gin kreieren, der die Düfte und Aromen des Südens einfängt. Angetrieben von seinem Traum, tut er das einzig Richtige: Er hängt seinen Job an den Nagel, kratzt seine Ersparnisse zusammen und erlernt bei einem Destillateur das Handwerk. Wenige Monate später fließt das erste – von der Sonne Portugals inspirierte – Wacholderdestillat in die Edelstahlkannen der *Altonaer Spirituosen Manufaktur.* Mit seinem Gin Sul öffnet uns Stephan Garbe ein Tor zu einer Welt, die mediterraner kaum sein könnte. Fazit: Für alle Gin-Genießer, die ab und an ihre "Saudade" ein wenig stillen wollen.

TASTING NOTES

Würziger Wacholder, mild, süßlich, blumige Note, die wunderbar mit der Zitrusfrische harmoniert – cheers Saudade!

//

KATEGORIE
Dry Gin

HERKUNFT
Deutschland

ENTSTEHUNG
2013

MARKENGRÖSSE
●●○○

GIN SUL

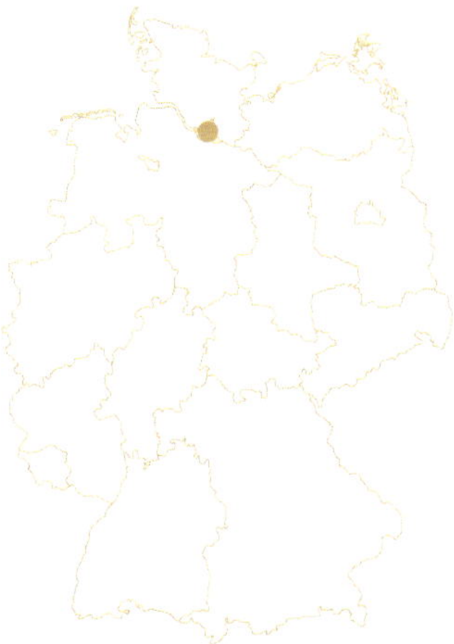

„Der Hamburger Gin in der typischen, weißen Tonflasche konserviert den Geschmack des Südens im Glas.

”

Eine abenteuerliche Seereise nach Zanzibar.

//

KATEGORIE

New Western Dry Gin

HERKUNFT

Deutschland

ENTSTEHUNG

2018

MARKENGRÖSSE

● ○ ○ ○

TASTING NOTES

Tumeric No.1: *Kurkuma und roter Pfeffer im Vordergrund, dazu Wacholder. Die Nachmazeration mit frischem Kurkuma sorgt für eine extra vollmundige Kurkuma-Note.*
Tumeric Raw Gin: *Schöne Pfeffernote am Gaumen, dazu kommt viel Kurkuma und Wacholder. Langer Abgang mit Noten von Zimt, Kardamom und komplexen floralen Noten – paradiesisch.*

TUMERIC GIN

Ein Koffer voller exotischer Gewürze, ein Kopf voller Ideen

Aus dem Alltag ausbrechen, Neues entdecken, sich auf ein Abenteuer einlassen, Unbekanntes erkunden, arbeiten wie es einem gefällt, alles neu, alles anders machen, seinen Träumen nachjagen und sich verwirklichen. Ein Leben – du kannst es füllen mit Momenten und Erlebnissen oder du siehst anderen dabei zu. Die Fragen nach dem Sinn im Leben und die Antwort nach der eigenen Verwirklichung kann dir kein Life-Coach bieten – aber manchmal schafft es ein Gin, dass sich euer ganzes Leben ändert. So passiert bei den Machern des *Tumeric Gin*. Alles beginnt mit einer abenteuerlichen Reise von Hamburg nach Zanzibar. Eine Reise, die alles verändert. Zurück geht's mit einem Koffer voller exotischer Gewürze und den Kopf voller Ideen. Fasziniert und inspiriert von dieser paradiesischen Insel und ihren Gewürzen, baut man zuhause angekommen die eigene Küche zur Destillerie um. Das Ziel: The Spirit of Zanzibar – made in Hamburg.

Ein inspirierender Gin, für inspirierte Gin-Sucher

Nach vielen Abenden, unendlichen Destillationen, Experimenten, Diskussionen und Treffen mit Freunden, die als Kritiker herhalten mussten, kam am Ende ihre große Liebe dabei heraus: *Tumeric Gin*. Eine unkonventionelle Gin-Story, ungewöhnliche Botanicals und ein unvergleichlicher Gin – in gleich zwei abenteuerlichen Varianten. Fazit: Ein Gin, wie eine wunderbare Reise nach Zanzibar, die begeistert und inspiriert.

TUMERIC GIN // NEW WESTERN DRY GIN

0,5 l // 45 %

Der Gin: Geliebt in aller Welt, geboren in Hanau

Allein in Deutschland gibt es heute mehr als 300 Gin-Marken, weltweit ist die Zahl aller Gin-Marken kaum auszumachen. Da lohnt es sich, einen Blick zurückzuwerfen, an den Anfang des Gins. Dort, wo alles angefangen hat. In Hanau. Hier wird 1614 *François de la Boë* geboren. Der spätere Arzt und Mitbegründer der Naturwissenschaftlichen Medizin wird später in Leiden, einer niederländischen Provinz in Südholland, den Gin erfinden. Bei seinen Versuchen ein heilendes Mittel zu finden, mischt er Alkohol, Wacholder und andere Kräuter zusammen. Die Medizin hilft zwar nicht, begeistert aber. Sie schmeckt den Leuten so gut, dass sie schnell zum Genussmittel avanciert. Diesem Mann also haben wir – wenn auch zufällig – unseren heutigen Gin zu verdanken.

Eine geschmackliche Zeitreise für den Gaumen

Der *François Hanau Dry Gin* ist die liebevoll hergestellte Hommage an seinen Erfinder. Ursprünglich, geradlinig und charakterstark. Er ist eine geschmackliche Reise zurück in die Vergangenheit und gleichzeitig ein visionärer Blick in die Zukunft. Ein Gin, wie er früher und heute sein sollte. Ehrlich und mit Liebe zum Detail aus erlesenen Zutaten destilliert. Handwerklich traditionell gemacht und frei von Zusatzstoffen und künstlichen Aromen. Mit dem *François Hanau Dry Gin* schließt die Destille nach Jahrhunderten den Kreis und bringt den Gin und seinen Erfinder zurück an ihren Heimatort. Das feiern wir gern. Zu feiern haben die Macher übrigens auch etwas: Ihr *François Hanau Dry Gin* hat gerade beim CWSA Doppelgold abgeräumt! Fazit: Diese geschmackliche Zeitreise treten wir gern an.

//

KATEGORIE
New Western Dry Gin

HERKUNFT
Deutschland

ENTSTEHUNG
2017

MARKENGRÖSSE
●●○○

TASTING NOTES
Neben gewöhnlichen Botanicals erfrischen besonders Blutorange und Grapefruit. Dazu bekommt der Gaumen viel würzigen Koriander und Lorbeer – harmoniert perfekt mit dem Wacholder. Am Ende: Viel Frische und Frucht.

FRANÇOIS – HANAU DRY GIN

„Gin aus der Heimat von François de la Boë - dem Erfinder des Gins."

HANNIBAL SPIRITS

//

KATEGORIE
London Dry Gin

HERKUNFT
Deutschland

ENTSTEHUNG
2015

MARKENGRÖSSE
● ● ○ ○

TASTING NOTES
Hannibal Gin: *Einige Botanicals sind nur Maximilian bekannt. Außer den Geheim-Zutaten bekommst du: Wacholder, Koriander, Kreuzkümmel, Rosmarin, Jasminblüten, Zimt, Nelke, Vanille. Eine wunderbar mediterrane Note. Dazu Zitronenschalen, Kardamom, Süßholz und Veilchenwurzel. Großartig abgestimmte Mischung, sehr fruchtig, floral und mild – und unglaublich komplex.*
Hannibal Gin JUNIPER: *Kräftige Kräuter, mit Noten von Lorbeer und Jasminblüten.*
Hannibal Gin meets Raspberry: *Fruchtig feine Himbeernote.*

> Ein kräftiger ausgewogener Gin mit mediterranen und floralen Noten.

Ein Denkmal für den Vater

Wie setzt man einem geliebten Menschen ein würdiges Denkmal? Zum Beispiel, indem man seinen Wunsch vom eigenen Gin erfüllt. Heiligabend 2014. Der Vater sitzt mit seinen zwei erwachsenen Söhnen Maximilian und Felix bei einem Gin zusammen. Da kommt ihm die Idee: "Wir müssen einen Gin machen!" Die drei sind sofort begeistert. Zu seinem Geburtstag bekommt der Vater ein Buch über Gin von seinen Söhnen geschenkt. Die Idee vom eigenen Gin wird konkreter. Dann der Schock: Der Vater stirbt völlig unerwartet. Ende September entschließt sich Maximilian, den Traum des Vaters zu erfüllen: "Ich mache den Gin. Für Papa!"

Message in a bottle

Nach vielen schlaflosen Nächten findet Maximilian endlich den passenden Namen für den Gin. Er erinnert sich an Erzählungen des Vaters, in denen er erwähnte, dass sein "Biername" in der Studentenverbindung "Hannibal" war. Der perfekte Name für einen Gin und ein liebevolle Hommage an den Vater. Jetzt fehlen nur noch die richtig abgestimmten Botanicals. Maximilian probiert und experimentiert und endlich – November 2015 – findet er die perfekte Mischung für seinen Gin. Mit dem *Hannibal* hat Maximilian den Traum des Vaters erfüllt und als hochwertigen, perfekt destillierten Gin in die Flasche gebracht. Fazit: Sein Vater wäre mächtig stolz auf ihn.

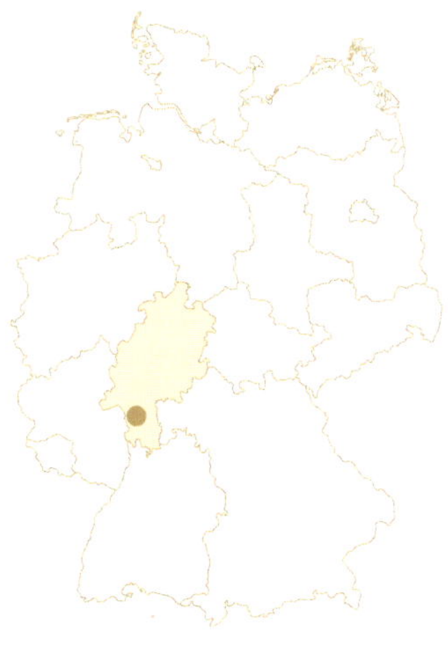

//

KATEGORIE
London Dry Gin

HERKUNFT
Deutschland

ENTSTEHUNG
2017

MARKENGRÖSSE
●○○○

TASTING NOTES
Deutliche Wacholder- und Brombeernote. Schöne Zitrusnote und Weintrauben. Beerig, komplex, frisch.

IRVING GIN

Der Freund des Ebers

Die drei Herren Philipp Eberwein de Bruijn, Maximilian Henrichs und Tim Häntschel treffen sich zu einem Gentlemen-Abend. Man sitzt bei einem Glas Gin zusammen. Eine Idee kommt auf: Wie wäre es, einen eigenen Gin zu kreieren? Überzeugend in Geschmack, Design und Qualität – alles handgemacht, 16 regionale Botanicals – zweimal, dreimal – ach was...fünfmal in einer traditionellen Kupferdestille destilliert. Das Ergebnis ist der *Irving Gin.* Irving bedeutet übersetzt "Eber". Die smarte Namensgebung geht auf einen der drei Herren zurück: Philipp Eberwein de Bruijn. Eberwein = Freund des Ebers. Damit schließt sich der Kreis: Auch der Großvater von Philipp, ein Pilot im zweiten Weltkrieg, hieß Eberwein. So ist ihr Gin auch eine liebevolle Hommage an den Großvater und ehemaligen Gentleman. Die Erfolgsstory der drei Herren und ihrem Eber beginnt.

> „Eine Reise durch die mystischen Wälder des Taunus.

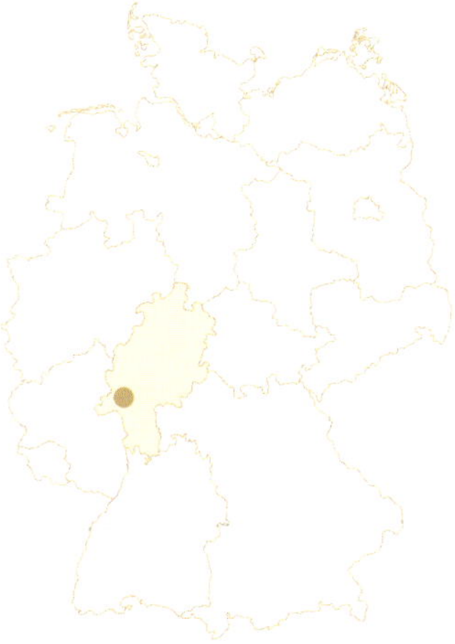

Drei Herren, ein Eber, ein Edel-Gin

Das Besondere bei ihrer Herstellung ist, dass sie für die Mazeration zwei Fässer ansetzen. Trockene Botanicals kommen in das eine, Beeren in das andere Fass. 48 Stunden liegen sie im 5-fach destillierten Edelkorn ein. Mit Leidenschaft, einer klaren Vision und ehrlichen, qualitativ hochwertigen Zutaten, überzeugen die drei Herren und ihr Eber nicht nur Gin-Genießer, auch Kritiker sind begeistert. Für den noch sehr jungen *Irving Gin* hagelte es bereits mehrfach Auszeichnungen. Fazit: Drei Herren, ein Eber, ein echter Edel-Gin. Da kommen wir gern mit, auf eine geschmackliche Reise durch die mystischen Wälder des Taunus.

URSEL TAUNUS GIN

„Der unvergleichliche Geschmack der ursprünglichen Natur des Taunus. Ein Waldspaziergang für den Gaumen.

Humboldt hat viel gesehen. Das Beste hat er verpasst

Der Taunus – das schönste Mittelgebirge der Welt. Das hat Alexander von Humboldt gesagt. Würde er heute den Taunus bereisen, würde er sicher bei seinen Naturforschungen einen Abstecher in die kleine Destille machen. Die Gelegenheit, die 12 handverlesenen Botanicals aus dem Taunus zu erforschen, die dem *Ursel – Premium Taunus Dry Gin* sein einzigartiges Aroma verleihen, würde er sich nicht entgehen lassen. So kam er aber 150 Jahre zu früh vorbei. Pech für ihn, gut für uns. Wir haben das Glück, diesen charakterstarken Geschmack der ursprünglichen Natur des Taunus zu genießen.

Geschmacksknospen auf einem Waldspaziergang

Namensgeber ist das idyllische Hochtaunus-Städtchen Oberursel. Wo andere auf ein hippes Etikett setzen, ist man hier auf dem (Wald)-Boden geblieben: Seinen herben Charakter verdankt der *Ursel-Gin* dem Wald. Inspiration für Roland Braza waren seine Erfahrungen als Jäger und die Nähe zur Natur. Leidenschaftlich komponiert und einzigartig gereift, schmeckt der *Ursel-Gin* wie ein Waldspaziergang für den Gaumen. Den *Ursel-Gin* gibt es in drei Varianten. Wir haben 10.000 Geschmacksknospen – warum nicht jede davon auf einen Waldspaziergang schicken?

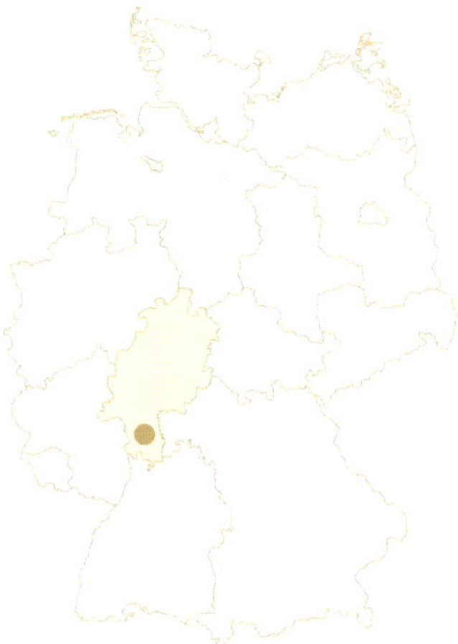

//

KATEGORIE
London Dry Gin

HERKUNFT
Deutschland

ENTSTEHUNG
2017

MARKENGRÖSSE
● ○ ○ ○

TASTING NOTES
Ursel Gin Heritage: *Frisch waldiges Aroma von Fichte und Brennessel, dabei mild und angenehm am Gaumen.* ***Dark Forest:*** *Legt noch eine Schippe Fichte mehr auf die Zunge. Dazu Melisse-Noten und das maskuline Aroma der Eberescheneberre.*
Golden Oak: *Hat fünf Monate in Fässern aus ungarischer Tokajer Eiche gereift. Ergebnis: Leuchtendes Gold, wie eine sonnengeflutete Waldlichtung.*

”

Der eine wild wie das Meer, der andere einzigartig, wie der Müritz-Nationalpark. Zwei Gins, ein Genusswunder.

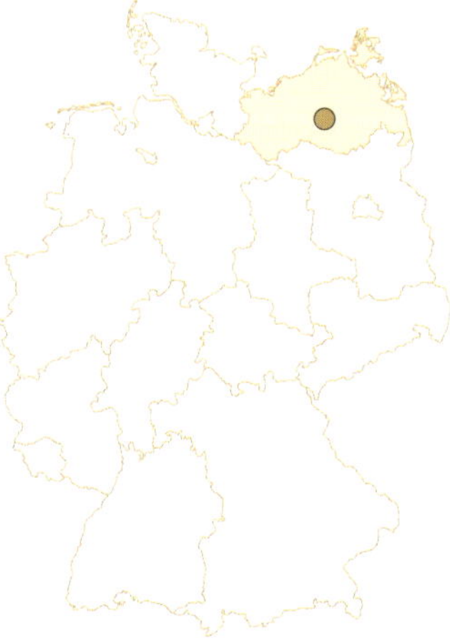

//

KATEGORIE

London Dry Gin
New Western Dry Gin

HERKUNFT

Deutschland

ENTSTEHUNG

***Müritz Gin:** 2016*
***Hanse Gin:** 2018*

MARKENGRÖSSE

● ○ ○ ○

TASTING NOTES

***Hanse Gin:** Würziger Wacholder und komplexe Aromen. Nordisch, salzig, frisch.*
***Müritz-Gin:** Wild, würzig, elegant, fruchtig. Wunderbar ausbalanciert – mit einem langen, komplexen Abgang.*

MÜRITZ GIN & HANSE GIN

Vom Meeresboden zum geschmacklichen Gipfel

Die Genusswunder GbR machen ihrem Namen alle Ehre: Mit ihrem prämierten Müritz Gin aus dem Müritz Nationalpark hatten sie bereits erfolgreich ihren ersten Gin auf den Markt gebracht. Aber da man auch von der Küste des Nordens inspiriert war, wollte man noch einen Gin kreieren, der aus dem Meer kommt – mit echtem Manufaktursalz aus der Ost- und Nordsee. Dazu hat man großartige Botanicals ausgewählt, wie Sanddornbeeren, Zitronenschalen, Veilchenwurzel, Kamillenblüten, Angelikawurzel und Paradieskörner – sorgfältig in Handarbeit mazeriert und destilliert. So jung und schon so ausgezeichnet, nicht nur im Geschmack: Beim IWSC gab's bereits Silber. Nichts weniger als ein Genusswunder ist der Destille gelungen. Ihr Hanse Gin steigt somit mühelos vom Meeresboden zum kulinarischen Geschmacks-Gipfel empor.

Mutter Natur macht ihn zur Rarität

Was den bereits erwähnten Müritz Gin betrifft, weiß man gar nicht, wo man anfangen soll, bei seinen vielen Auszeichnungen, Lobeshymnen oder bei seiner Hommage an den Müritz-Nationalpark – einer der artenreichsten Gebiete Deutschlands. Der Müritz-Gin ist eine Rarität. Leider. Das hat Mutter Natur so bestimmt: Die Wacholderbeeren stammen aus dem Müritz-Nationalpark und werden exklusiv von unserem Destillateurmeister in bester Manufakturqualität für den Müritz Gin mazeriert. Die Natur regelt den Nachschub – darum limitiert und umso begehrenswerter. Fazit: Zwei Gins, ein Genusserlebnis – wie man es selten bekommt.

1682 EDEL-GIN

In vino enim veritas. Vi attractus est.

Zugegeben: Den ersten Teil kannten wir, den zweiten Teil hat Google Translate ins Lateinische übersetzt. Bedeutet: *Im Wein liegt die Wahrheit. Im Gin liegt die Kraft.* Oder vielmehr: Die Kraft der Stille. Hergestellt mit viel Liebe und in Handarbeit wird der *1682 Edel-Gin* in der Klosterbrennerei Wöltingerode. Welcher Ort, wenn nicht das Kloster, ist der Sehnsuchtsort par Excellence für alle Workaholics, Multitasker und Handysüchtige? Ein Ort der Stille und Besinnlichkeit. Die gute Nachricht: Innere Ruhe kann man trinken und es schmeckt Herrgott nochmal so was von... oh Pardon... göttlich!

//

KATEGORIE
London Dry Gin

HERKUNFT
Deutschland

ENTSTEHUNG
2018

MARKENGRÖSSE
● ○ ○ ○

TASTING NOTES
Schöne Wacholder- und Koriandernote, dazu Lavendelblüte und Holunder. Gute Würze dank Sternanis, Zimt und dem Wöltingeroder Feinbrand. Trotz fehlender Zitrone – göttlich frisch und belebend.

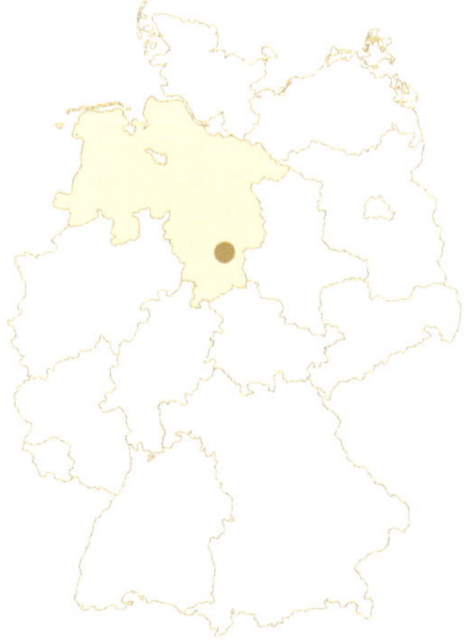

Mit jedem Schluck ein wenig reiner

Seit 1682 werden im Kloster Wöltingerode heimatverbundene Spirituosen gebrannt. Diese Tradition wollte man fortführen – aber nicht auf die eingestaubte Art. Eine lange Tradition – modern in Gewand und Geschmack. Dazu eine Prise Sehnsucht nach der Harzer Bergwelt, fertig war der *Edel-Gin 1682*, für all die verlorenen Großstadt-Seelen. Liebevoll und mit Engelsgeduld gebrannt. Umgeben von seliger Kloster-Atmosphäre, schafft man es schon bei der Produktion, den Stress und die Hektik unserer schnellen Zeit zu entschleunigen. So können sich die besten Zutaten in Ruhe entwickeln. Das ist ganz im Sinne der Tradition des Klosters. Schluck für Schluck innere Ruhe tanken. Schmeckt tatsächlich reinigend – finden wir. Liebe Kirchen dieser Welt, vielleicht solltet ihr von Wein auf Gin umsteigen? Amen.

> ”
> Im 1682 Edel-Gin verbinden sich echte Handwerkskunst und regionale Zutaten zu einem inspirierend-frischen Aroma. So vielfältig wie unsere Klostergeschichte – und so reinigend wie ein tiefer Atemzug an einem Morgen im Harz.

CUCUMBERLAND HANNOVER GIN

"Eine sechsfach geadelte Komposition aus exotisch fruchtiger, floraler, pfeffriger und bitterer Noten, die den Wacholder umschmeicheln.

Geadelt mit einem Gin

Ein Gin aus Hannover, benannt nach britischen Königen. Über 100 Jahre lang kamen britische Könige und Herzöge aus dem Königshaus Hannover. Einige von Ihnen trugen den Namen “Herzog von Cumberland”. Keine andere Stadt ist mit dem Mutterland des Gins so eng verbunden wie Hannover und das muss geadelt werden, am besten mit einem königlich guten Gin. Mit dem Cucumberland *Hannover Dry Gin* wollte man einen Gin komponieren, in dem nicht einzelne Botanicals hervorstechen, sondern alle Aromen perfekt miteinander harmonieren. Zweieinhalb Jahre haben die Gründer der *Mobaja Distillers Hannover* dafür am Rezept gefeilt.

Vom Herzog zum kulinarischen Botschafter

Den Großteil der Gewürze, Kräuter und Blüten finden sie vor den Toren Hannovers: Die Holunderblüten und Fichtensprossen pflücken und verlesen sie per Hand. Insgesamt verarbeiten sie sechs frische Zutaten und 21 weitere Botanicals. Für den *Sloe Gin* kommen nur frische, ganze Beeren von Schlehe und Vogelbeere zum Einsatz. Für den *Fine Gin Cordial* wurde das Rezept gemeinsam mit Jürgen Deibel, Deutschlands renommiertestem Spirituosen-Experten, entwickelt. Das Ergebnis ist ein Gin, der als perfekte Grundlage moderner Gin-Cocktails dient. Ihr *Cucumberland Hannover Dry Gin* wurde beim *Meiningers ISW 2017* mit Silber belohnt und dreimal in Folge zum kulinarischen Botschafter Niedersachsens geadelt. Fazit: Drink like a King – have a *Cucumberland Gin!*

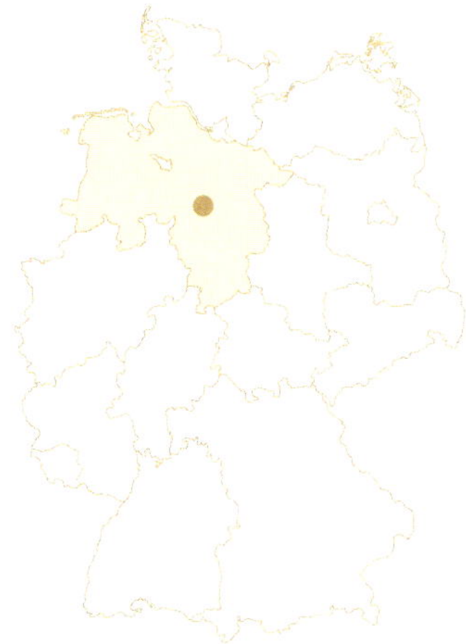

//

KATEGORIE
Dry Gin

HERKUNFT
Deutschland

ENTSTEHUNG
2015

MARKENGRÖSSE
● ○ ○ ○

TASTING NOTES
Hannover Dry Gin: *Dezent florales Bukett, Muskatblüte, rosa Peffer und frische Zitrusnoten.*
Sloe Gin: *Rubinrot, einzigartiges mild-fruchtiges Aroma.*
Fine Gin Cordial: *Basiert auf einem Rezept der Prohibitionszeit. Floral mit feiner Zitrus-Anis-Note.*

HANNOVER ROOFTOP GARDEN GIN

//

KATEGORIE
London Dry Gin

HERKUNFT
Deutschland

ENTSTEHUNG
2015

MARKENGRÖSSE
● ● ● ○

TASTING NOTES
Hannover Rooftop: *Fruchtig, frisch, voluminös. Großartig komponiertes Bouquet. Wie ein Spaziergang durch einen Kräutergarten für den Gaumen.*
Atlantic Crossing 62 %: *An Bord im Maulbeerbaum-Fass gereift.*
Cornel Vanilla: *Cornel-Kischen mit Vanille-Noten.*

„Der Banksy unter den Gin-Machern: Heimlich gepflanzte Botanicals auf Hannovers Dachgärten kombiniert mit Kräutern vom Ende der Welt.

Der Banksy unter den Gin-Machern

Joerma Biernath verschönert das Hannover Stadtbild ähnlich kreativ wie der Street Art Künstler *Banksy* in London. Heimlich pflanzt er einige seiner Botanicals auf Dachgärten der Hannover Innenstadt, einige auf stillgelegten Brachflächen und andere im Wald. Seine heimlich gepflanzten Botanicals kombiniert er gekonnt mit erlesenen Kräutern vom Ende der Welt. Einige Botanicals stammen wiederum von seinem eigenen Dachgarten – daher der Name *Rooftop Garden Gin*. Beste Voraussetzungen für einen ungewöhnlich kreativen Gin, dessen Entstehungsgeschichte schon spannender ist, als die der meisten gehypten Gins.

The Botanical Boys are back in town

Joerma ist gelernter Gärtner und studierter Gartendesigner – hat also nicht nur einen grünen Daumen, er versteht es auch Gärten als erweiterte Wohnräume und Landschaften als Ereigniswelten zu gestalten. Er weiß auch, dass es im Gartendesign nicht darum geht, einfach eine Pflanze neben der anderen zu parken – genauso wenig reicht es nicht, für einen guten Gin, ein paar Kräuter in den Kessel zu werfen und ihn anzuheizen. Mit seiner Rooftop Garden Crew streift er regelmäßig durch die Stadt und sammelt seine heimlich gepflanzten Botanicals ein – darunter auch wilder Ingwer und wilder Anis – und erschafft so aus einfachen Zutaten etwas Wertvolles – nicht nur für Gin-Liebhaber, auch für die Menschen in Hannover. Fazit: So gutes Storytelling und ein so kreatives Konzept sollte ausgezeichnet werden – wurde es auch: *Hannover Gin ist Kulinarischer Botschafter Niedersachsens 2018.*

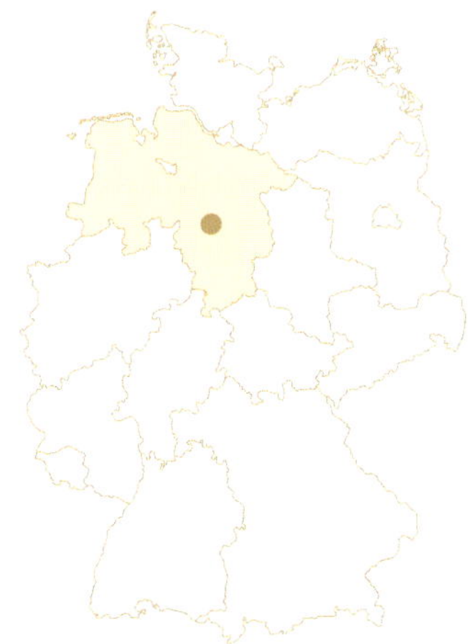

Ein Gin, wie aus einem Buch von Fitzgerald

Früher wurden das Ausgehen und der Drink in anregender Gesellschaft stilvoll zelebriert. Hilfreiche Accessoires dabei: Der Hut, der Spazierstock, teure Handschuhe, der gut gezwirbelte Bart und...das Monokel. Letzteres hat nicht nur geholfen um zu sehen, sondern auch um gesehen zu werden. Ein stilvolles Accessoire, das jetzt dank des *Monokel Gin* ein kleines Revival feiert. Einige moderne Gin-Produzenten setzen nicht nur auf einen erstklassigen Gin, sie wollen auch den Genuss wieder zu einer stilvollen Beschäftigung machen. So auch die Macher des *Monokel Dry Gin*. Der erste Eindruck? Man hat das Gefühl einen Gentleman-Club zu betreten oder auf einer Cocktailparty aus den Büchern von F. Scott Fitzgerald zu sein.

Ein klassischer Dry Gin, für den modernen Dandy

Im Harz – dem Herzen Deutschlands – hergestellt aus feinstem Weizendestillat und 28 ausgewählten Botanicals, ist der *Monokel Dry Gin* dank 8-facher behutsamer Destillation ein klassischer Premium Dry Gin. Mit feinherbem Wachholder für Feingeister und Steampunks, um die schönen Details im Leben zu zelebrieren. Bei den *World Gin Awards 2019* haben sie dann auch verdient Bronze geholt. Fitzgerald hätte seine Freude an diesem Gin gehabt. Und Hemingway hätte ihm das Monokel von der Flasche geklaut. Das gibt es nämlich dazu. Wir sehen uns – mit Monokel! Fazit: Ein klassischer Dry Gin, für den modernen Dandy oder die Dandette.

TASTING NOTES

Feinherbe Wacholdernoten, elegante Zitrus- und Orangennoten, dazu gesellen sich dezente Noten von Sternanis und Koriander. Am besten pur auf Eis oder als Longdrink stilvoll genießen.

//

KATEGORIE
London Dry Gin

HERKUNFT
Deutschland

ENTSTEHUNG
2016

MARKENGRÖSSE
● ○ ○ ○

MONOKEL GIN

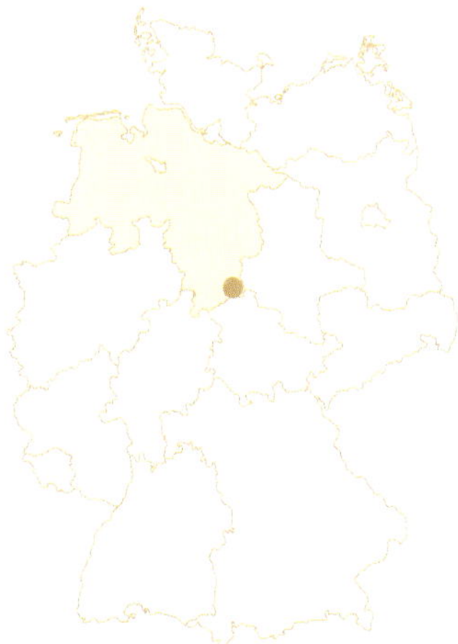

”
Traditionell hergestellt für Feingeister mit Sinn für das Besondere.

FRIEDRICHS DRY GIN

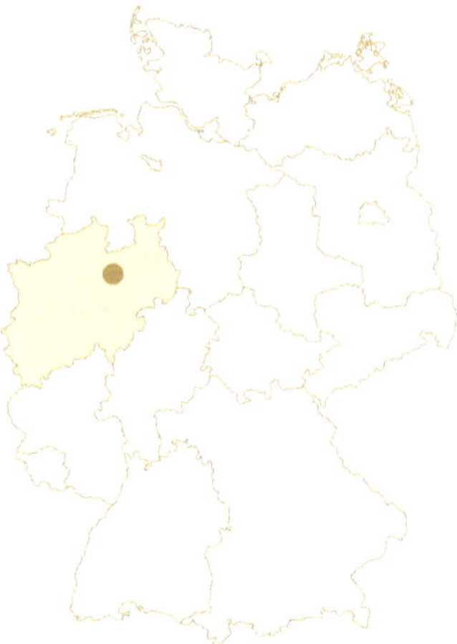

TASTING NOTES

Trocken wie ein guter Dry Gin und aromatisch, blumig, frisch. Noten von Curaçaoschale, Süßholzwurzel, Rosmarin, Sternanis, Orangen-, Jasmin- und Lavendelblüten, mit ausgeprägter Wacholder- und einer sanften Koriandernote.

In liebevoller Handarbeit zum Gin-Meisterstück

Wer sich seit über 250 Jahren mit viel Passion auf die Wacholderbrennerei konzentriert, der muss sich irgendwann im Wacholderwahn verlieren oder ein Gin-Meisterwerk produzieren. In mühevoller Handarbeit, einem aufwendigen Verfahren und dreifach destilliert, wird dieses große Wacholderdestillat als Small Batch-Gin hergestellt. Damit beweist die traditionsreiche Gin- und Wacholderbrennerei in Steinhagen mit ihrem *Friedrichs Dry Gin* immer wieder aufs Neue, wie man mit viel Hingabe einen großartigen Gin hervorbringen kann.

Ein Gin, vor dem sich alle Geschmacksnerven verbeugen

Für den *Friedrichs Dry Gin* kommen die Wacholderbeeren in eine Wacholderquetsche, danach werden sie in Gärtanks eingemaischt, für mehrere Tage vergoren und anschließend zum Wacholderlutter destilliert. Die erlesene Botanical-Mischung, unter anderem Curaçaoschale, Süßholzwurzel, Rosmarin, Sternanis, Orangen-, Jasmin- und Lavendelblüten, wird sorgfältig mazeriert. Der Wacholderlutter wird zusammen mit der Botanical-Mischung und Alkohol über der einzigartigen Traditionsanlage, der speziellen Gin-Kupferbrennblase, aufwendig destilliert und auf Trinkstärke herabgesetzt. Dadurch harmonisiert die Wacholdernote die anderen Ingredienzien. Die Destillation über der reinen Kupferbrennblase sorgt für die Milde des Geschmacks. Wahre Handwerkskunst, die man schmecken kann – und das ganze ohne Zusatz künstlicher Aromen und Farbstoffe. Fazit: Ein Gin, vor dem sich jede einzelne unserer 10.000 Geschmacksknospen respektvoll verneigt.

//

KATEGORIE
Dry Gin

HERKUNFT
Deutschland

ENTSTEHUNG
Tradition seit 1766

MARKENGRÖSSE
● ● ○ ○

"

Seit 250 Jahren liebevoll gebrannt – ein wahres Gin-Meisterstück.

Die Geschichte des Josef Ehringhausen

Die Entstehungsgeschichte des *Jos. Garden* Gin könnte der Anfang eines Films sein: Ein sommerlicher Garten, Kinderlachen, Bienen summen, Vögel zwitschern. Kinderfüße poltern eine alte Holztreppe zum Dachboden hinauf. Spinnweben. Sonnenstrahlen brechen sich in den Fenstern. In der Ecke steht eine alte Truhe. Neugierig öffnen die Kinder die Truhe. Knaarrrz! Vier Kinderaugen blicken in die Truhe. Eine Kinderhand greift vorsichtig hinein. Die Zeit bleibt stehen. Die Hand nimmt eine dicke, in Leder gebundene Kladde heraus. Die Kinder öffnen sie. Staunen. Schnitt.

Geballtes Wissen, großartiger Gin

So könnte man die Story verfilmen. Nur waren die Kinder – Theres & Georg – erwachsen, als sie den Dachboden erkundet und auf die alten Herbarien des Urgroßonkels Josef gestoßen sind. Dort fanden sie sein geballtes Wissen (er war Apotheker) über die heimische Pflanzenwelt und südeuropäische und exotische Gewächse, die "Jos" auf seinen Reisen gesammelt hatte. Was macht man mit so viel Wissen über Kräuter und Pflanzen? Man destilliert es mit besten Zutaten, füllt es ab in eine Apothekerflasche und tauft das Destillat *Jos. Garden* als liebevolle Hommage an den Urgroßonkel. Fertig ist ein geistreicher, lebendiger Premium Bio-Gin der *Brennerei Ehringhausen,* CO_2-neutral produziert, mit Zutaten aus ökologischem Anbau. Und weil so viel Wissen für mehr als einen Gin reicht, haben die Geschwister ihr Wissen auf mehrere Gin-Varianten aufgeteilt. Fazit: Die besten Geschichten schreibt das Leben, die besten Gins macht man mit
viel Liebe..

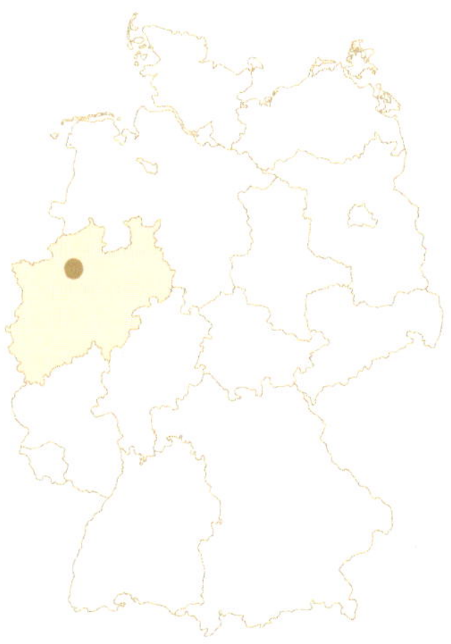

JOS. GARDEN

99

Ein lebhafter Gin mit dem Geist der Natur.

//

KATEGORIE
New Western Dry Gin

HERKUNFT
Deutschland

ENTSTEHUNG
2014

MARKENGRÖSSE
● ○ ○ ○

TASTING NOTES
Dry Gin: *Frisch, lebhaft, komplexe Kräuternoten, Himbeere, Schlehe und Pappelknospe, Koriander, Zimt, Pomeränzchen und fruchtige Zitrone.*
Reserve Gin: *Gelagert in Rumfässern. Tief, temperamentvoll, toll.*

0,5 l // 44 %

Wer brennen will, muss brennen

Wer einen Neuanfang mit Anfang fünfzig wagt, sollte sich seiner Sache sicher sein oder für das, was er tun will, brennen. Andre de Schrevel erfüllte beides und konnte damit seine wichtigsten Partner überzeugen. Seine Familie. Er liest und studiert alles über Gin, besucht Lehrgänge, tauscht sich mit Brennern aus und setzt seinen Traum von der eigenen Destille in die Tat um. Die Familie investiert in eine Destillationsanlage – jeder packt mit an. Ab da geht's Schlag auf Schlag. Es hagelt erste Auszeichnungen für die ersten Brände und Geiste. Der Gin ruft...

Vom Niederrhein ans Mittelmeer

De Schrevel hat auch ein feines Näschen für Wacholder und ist ein großer Liebhaber des Juniperus. 2015 wird die erste hauseigene Gin-Marke *Junip Rhenus* als nicht eineiige Zwillinge geboren. Würzig, kräftig der eine – fruchtig, frisch der andere. Auch ihr Gin setzt die Erfolgsserie der kleinen Niederrhein Destille fort, kein Wunder, wenn man mit so viel Leidenschaft ein Spitzenprodukt nach dem anderen produziert. *Junip Rhenus* hat es in Kürze vom Niederrhein bis in die Gastro-Szene Mallorcas geschafft. Ja, guter Geschmack überwindet Grenzen. Und manchmal sogar Meere – ¡Salud!

//

KATEGORIE
Distilled Gin

HERKUNFT
Deutschland

ENTSTEHUNG
2015

MARKENGRÖSSE
● ○ ○ ○

TASTING NOTES

Frisch und fruchtig. Die nur 12 Botanicals beider Gin-Varianten (würzig & fruchtig) sorgen für eine klare und angenehme Wacholdernote. Die fruchtige Variante überrascht trotz weniger Botanicals mit Vielschichtigkeit. Die feine Gewürzmischung der "würzigen" Variante verleiht ein charaktervolles Wacholderbeeren-Aroma – ideal als Longdrink mit Tonic und Limette.

JUNIP RHENUS GIN

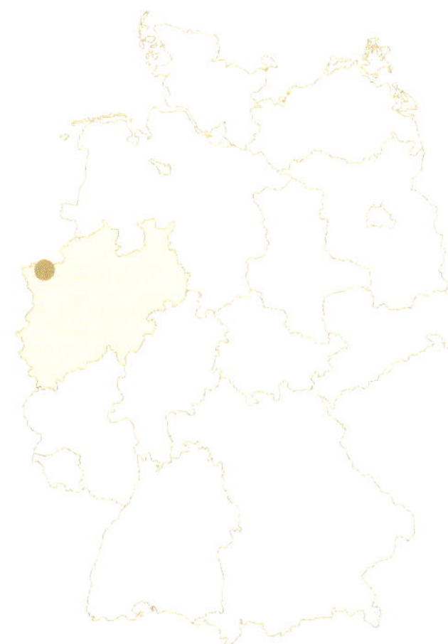

”

Klassischer Gin –
mit deutlicher Wacholdernote
und nur 12 Botanicals.

Back to the (Juniper) roots

1882 als Wacholderbrennerei in Steinfurt gegründet, hat die *Dwersteg Destillerie* nicht nur eine sehr lange Tradition, sie war auch einer der ersten Hersteller, die schon 1996 mit ihrer Produktlinie „Dwersteg Organic" konsequent aus ökologisch produzierten und fair gehandelten Rohstoffen erstklassige Produkte hergestellt haben. In einer Zeit, in der man für Bio-Produkte nur ein Kopfschütteln oder Schulterzucken übrig hatte. Die innovative und kluge Denkweise der Destillerie und Ihrer Destillateurin Monika Teriete hat sich heute natürlich ausgezahlt. Mit besten und nur den nötigsten Zutaten so einzigartig komponiert von Monika Teriete, dass der Gin wortwörtlich ihre Handschrift trägt. Das „Mo" steht für den Namen seiner Erfinderin.

Ein Gin, der seiner Zeit voraus war

Auf der Suche nach dem perfekten Geschmack hat die Destillerie einen langen Weg zurückgelegt. Zurückgekommen – zu ihren Wurzeln – sind sie mit einem Gin, der alles bietet was ein perfekter Gin haben muss. Nicht zu überladen mit zu vielen Botanicals, reduziert auf das Wesentliche: Einzigartiger Geschmack. Überraschend komplex. 100% fair. Fazit: Ein Gin, der schon vor vielen Jahren seiner Zeit voraus war. Und heute perfekt den Zeitgeist trifft. Dafür nehmen wir uns gerne Zeit – cheers!

//

KATEGORIE
London Dry Gin

HERKUNFT
Deutschland

ENTSTEHUNG
Wacholder/Gin seit 1882, die Marke MoGin seit 2014

MARKENGRÖSSE
● ● ● ○

TASTING NOTES
Wacholder schön kräftig und komplex im Vordergrund. Deutliche Spuren von Orange und Lavendel. Die Aromen öffnen sich im Gaumen perfekt. Zum Schluss bedankt er sich noch mit einer angenehmen Würze im Abgang. Wacholder bleibt schön komplex und wird nicht verdrängt. So kann Gin riechen. So muss Gin schmecken.

”

Guter Gin ist schlicht, überraschend und echt, MoGin!

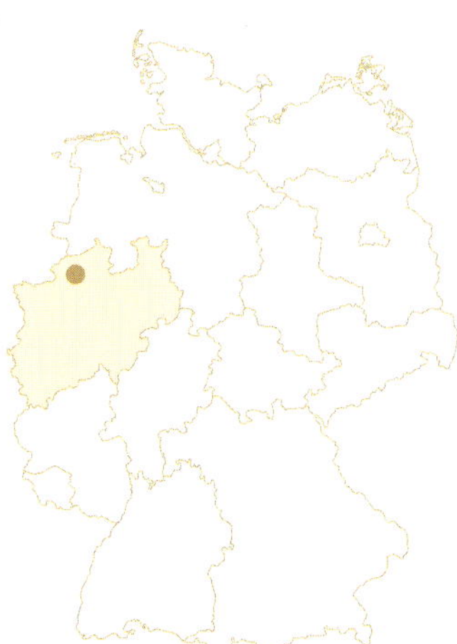

MOGIN

Der Traum vom puren, nackten Gin-Genuss

Angefangen hat alles mit einem Traum vom perfekten, nackten und puren Gin-Genuss. Daniel Wartacz sitzt bei seiner Großmutter in Schweden und bekommt wieder mal ihren Gin vorgesetzt. Die Großmutter hat genau diesen Gin schon getrunken, als er noch ein Kind war. Daniel ist sich sicher: Das geht besser. Viel besser. Auch viele der anderen Gins, die er probiert, entsprechen nicht seinen Vorstellungen vom puren Gin-Genuss. Diese Lücke will er schließen. Eine Spirituose, die mit viel Leidenschaft und Hingabe traditionell kreiert wird. Der Traum vom nackten Gin nimmt Gestalt an. 2015 wird die Bonner Gin-Manufaktur Wirklichkeit.

Der Striptease für die Geschmacksknospen

Das Erfolgsrezept der kleinen Bonner Gin-Manufaktur? Nackt machen: Was viele andere Gin-Marken versprechen, hält der *Naked Gin* mehr als ein und macht damit seinem Namen alle Ehre. Ganz nackt ist er eine absolute Geschmacksexplosion, mild, fruchtig – eine Feier für den Gaumen. Da braucht es keinen Schnickschnack, keine Spielereien. Das finden auch die Profis. 2016 wird er mit Gold bei den *World Spirits Awards* und beim *Internationalen Spirituosen Wettbewerb (ISW)* ausgezeichnet. Und diverse internationale Auszeichnungen folgen. Fazit: Der absolute Striptease für die Geschmacksknospen. Unbedingt nackt probieren und überraschen lassen (wir meinen natürlich den Gin)!

TASTING NOTES

So komplex kann pur schmecken: Wacholder und eine Süße durch Schlehe und Waldkräuter. Florale Noten von Lavendel, Koriander, Orange. Dann kommt der Kick mit etwas Pfeffer und Ingwer. Alles sehr weich und mild – trotzdem unglaublich anspruchsvoll. Perfekt für den nackten Genuss oder mit Begleitung.

//

KATEGORIE
Dry Gin

HERKUNFT
Deutschland

ENTSTEHUNG
2015

MARKENGRÖSSE
● ○ ○ ○

NAKED GIN

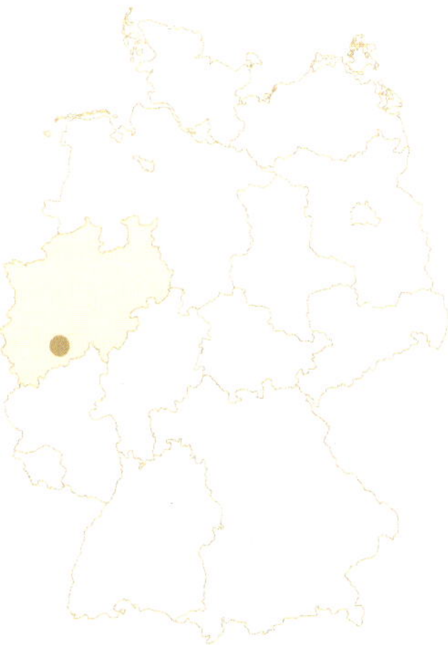

„

Facettenreich, ausgewogen, überraschend, spannend.

REGINERATE

//

KATEGORIE
New Western Dry Gin

HERKUNFT
Deutschland

ENTSTEHUNG
2015

MARKENGRÖSSE
● ● ○ ○

TASTING NOTES
Artisan Gin: *Wacholder trifft auf explosive Fruchtbombe – BOOM!*
Silk City Dry Gin: *Die Hommage an einen großen Klassiker. Viel Wacholder und Zitrusfrische.*
Sloe Gin: *Fruchtig beerig, intensiver und komplexer Geschmack – Artisan Gin made the Sloe way ist der erste echte Sloe Gin der Welt!*

> "Eine fruchtige Interpretation, die aufzeigt, was Gin kann und was Gin darf.

Manchmal sind die Früchte die besseren Botanicals

Wie macht man den perfekten Gin? Learning by burning. Das war das Motto von Martin Kern – Gin-Liebhaber, Perfektionist und treibende Kraft hinter *ReGINerate*. Bevor es seinen Gin gab, war er kompletter Neuling in der Gin-Produktion. Also stürzte er sich ins Learning by burning. Brennen – das tut Kern für seine ungewöhnlich fruchtigen Gin-Kreationen: "Ich will nicht einfach einen weiteren Gin auf den Markt bringen, ich will etwas ganz Eigenes kreieren." Der *ReGINerate* feiert die Auferstehung des Gins und den guten Geschmack.

Was kann Gin? Was darf Gin?

Ein Gin kann vieles und muss wenig. In diesem Fall macht *ReGINerate* klar, dass nicht immer mehr Kräuter und Gewürze auch mehr Geschmack bedeuten – manchmal sind Früchte die besseren Botanicals: Die Leitbotanicals Ananas und Johannisbeere, kombiniert mit Wacholder machen den *ReGINerate* zu einem fruchtigen und komplexen Gin-Erlebnis. 3-fach destilliert, 48 Stunden mazeriert, abgerundet mit Hibiskusblüte und Karotte. Alles kann, nichts muss. Außer jeder Menge Handarbeit und viel Liebe, die in jeder der drei außergewöhnlich fruchtigen Gin-Varianten stecken. Außergewöhnlich und außer Konkurrenz: Alle drei Varianten konnten 2018 bei den *WSA – World Spirit Awards* überzeugen und haben jeweils in Ihrer Kategorie Gold gewonnen. Innovationen können sehr sympathisch sein, besonders wenn sie mit Werten wie "Trink weniger, aber besser" kommuniziert werden. Fazit: Ein Gin muss nichts, aber er kann viel, wenn ein innovativer Kopf dahinter steckt.

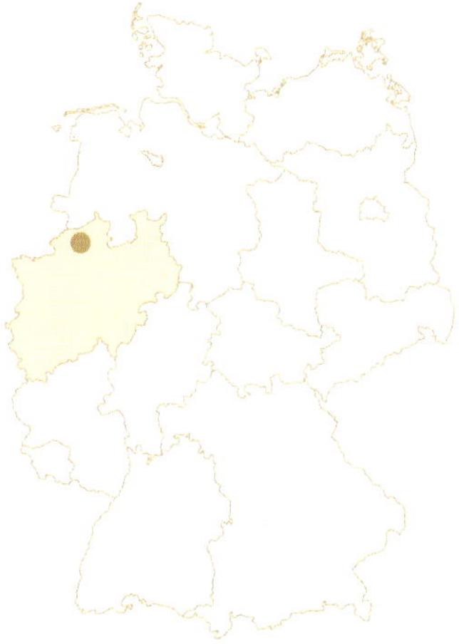

Der Gin für die Gaumen dieser Welt

"Das können wir besser!" Ein Leitspruch, den sich jeder Brenner als Motivationsspruch an die Wände seiner Destillerie hängen sollte. So erschafft man erstklassige Destillate. Hinter der Sauerländer Edelbrennerei stehen vier junge Männer, die schon früh erkannten, dass qualitativ mindere Destillate meistens Übelkeit und Kopfschmerzen zur Folge haben. Das können wir besser, dachten sie sich. Also schlossen die langjährig befreundeten Familien Wolfkühler und Mülheims sich zur Familienbrennerei zusammen. Ihr Ziel: Echte Naturprodukte ohne jede Zusätze und in reiner Handarbeit kreieren.

Gute Qualität ist keine Geschmackssache

Beste Voraussetzungen für einen erstklassigen Gin sind gegeben. Für beste Rohstoffe muss man keinen weiten Weg gehen, die gibt es vor der Haustür: Der Wacholderberg ist keine 300 Meter entfernt. Und weil das heimische Wasser auch eines der besten ist, baut man kurzerhand einen eigenen Brunnen. Produziert wird per Handarbeit. Das zeugt nicht nur von hohem Anspruch an Qualität, das trifft auch den Nerv der Zeit. So gut, dass man eine zweite Brennanlage errichten muss. Die Symbiose von Tradition und Innovation gelingt ausgezeichnet. Fazit: Gute Qualität ist eben keine Geschmacksfrage, sondern harte Handarbeit und Leidenschaft. Und der Lohn? Ein einzigartiger, naturreiner, erstklassiger Gin.

TASTING NOTES

Tolles fruchtiges Aromenspiel von Wacholder, Zitrone und Koriander. 45% und absolut mild. Die Orange schmeichelt den Gaumen und gesellt sich perfekt zum Wacholder. Optisch: Schönes gelb-Orange. Kein Wunder, er durfte ganze 6 Monate im Fass ruhen und reifen.

//

KATEGORIE
London Dry Gin

HERKUNFT
Deutschland

ENTSTEHUNG
2016

MARKENGRÖSSE

SAUERLÄNDER EDELBRENNEREI GIN

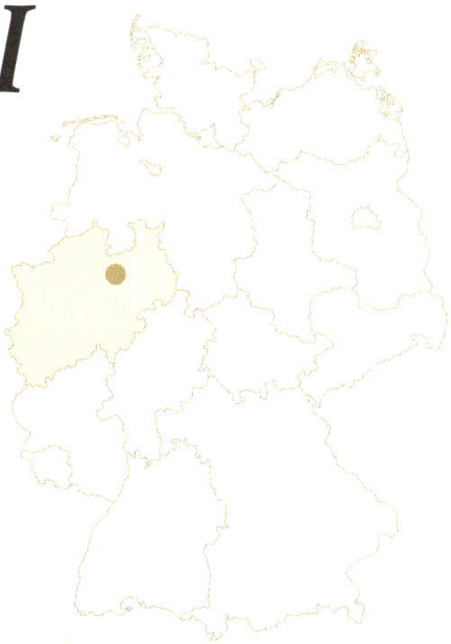

„
Eine Wacholdernote als Basis, fein abgerundet mit einem Touch Orange durch die 6-monatige Fass-Lagerung.

0,5 l // 45 %

Die Benchmark der ungewöhnlichen Botanicals

Der Gin ist eine Spirituose, die wie keine andere kreative Köpfe anzieht, die immer noch mal eins draufsetzen, was außergewöhnliche Botanicals betrifft. Mittlerweile gibt es viele Gins mit ungewöhnlichen Botanicals, die mittlerweile wieder gewöhnlich sind. Aber um die zu toppen, die sich in der Schlachtplatte befinden, braucht es wohl noch ein wenig. Mit der *Schlachtplatte* hat die *Pittermanns Destillerie* die Benchmark der ungewöhnlichen Gin Botanicals verdammt hoch gehängt. Zutaten wie Sauerkraut, Blutwurst, Leberwurst und Schinken machen die Schlachtplatte wirklich zum außergewöhnlichsten Gin, den es zur Zeit gibt. Da ist der Name also wirklich volles Programm: Eine echte Schlachtplatte zur Schlachtplatte. Aber schmeckt so ein Gin überhaupt?

Ein mutiger, ein gewöhnungsbedürftiger genialer Gin

Und wie der schmeckt! Alle Zutaten werden im reinen Kartoffelbrand mazeriert und anschließend mit einem Stück Räucherschinken viele Stunden im Aromakorb destilliert, bis er butterweich ist. *Schlachtplatte* – Deftiger Geschmack aus der Flasche. Gewöhnungsbedürftig? Vielleicht. Genialer Geschmack? Garantiert. Wieder ein Produkt mehr, warum man froh sein kann, kein Vegetarier zu sein. Wir empfehlen ihn vor einer deftigen Mahlzeit. Dazwischen. Und danach. Ein mutiger, ein genialer Gin. Fazit: Zum nächsten Angrillen *Schlachtplatte* nicht vergessen!

//

KATEGORIE
New Western Dry Gin

HERKUNFT
Deutschland

ENTSTEHUNG
2016

MARKENGRÖSSE
● ○ ○ ○

TASTING NOTES
Komplexer Wacholder und rauchiger Schinken tanzen im Vordergrund, dazu Senfkörner, Dillsamen und Koriander – ein funky Grill-Fest für Gaumen und Nase.

0,5 l // 42 %

> Einer der außergewöhnlichsten Gins, die es zur Zeit gibt.

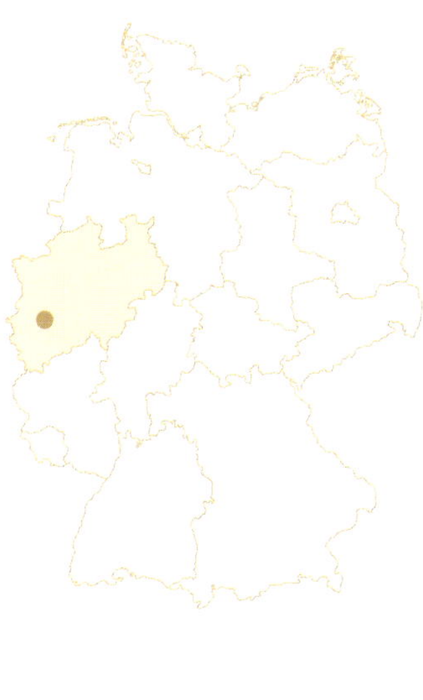

SCHLACHT-PLATTE

WOODLAND SAUERLAND DRY GIN

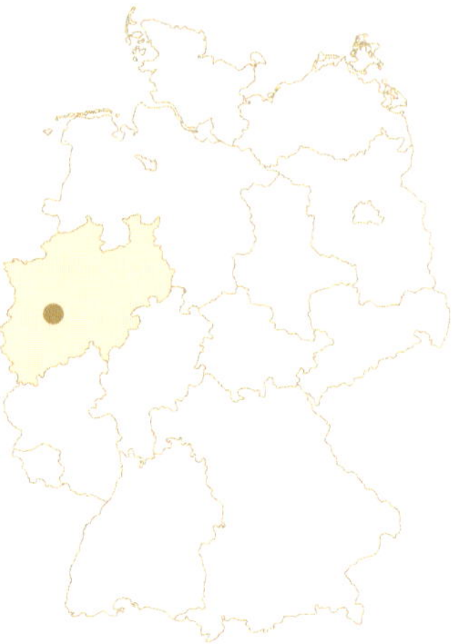

TASTING NOTES

Ein wunderbar feucht waldig-erdiges Aroma. Frische Kräuter, Wacholder und Zitrusnoten. Fruchtig, frisch, komplex.

Der Ruf des Waldes

Für alle Großstädter und Gin-Genießer: Ihr seid nur noch einen Gin weit entfernt von frischer Waldluft, feuchter Erde, Fichtennadeln und dem Gefühl von – gibt es eine Bezeichnung für das Gefühl mitten im Wald zu stehen, umzingelt von lauter Bäumen, tief durchatmend, die Arme ausbreitend und sich plötzlich völlig frei zu fühlen? Hat jemand eine passende Bezeichnung dafür? Wir nicht. Aber wir kennen wohl alle das Gefühl. Und genau das gibt es jetzt fein destilliert in einer Flasche aus der *Sauerland Distillers GmbH*. Der *Woodland* ist ein echter Dry Gin aus dem waldig geprägten Mittelgebirge des Sauerlandes und vereint auf engstem Raum das Gefühl von Freiheit, wilder Natur, Waldluft und frischem Quell-wasser. Selbst die härtesten Kritiker erliegen dem Ruf des Waldes und haben den *Woodland* bereits mehrfach ausgezeichnet.

Take a walk to Woodland

Die überwiegend heimischen Botanicals wie frische Brennnesseln, handgepflückter Sauerampfer, Fichten-spitzen, Baumpilz und Löwenzahnwurzel bilden zusammen mit der erfrischenden Zitrusnote ein komplexes Bouquet, das einem schon beim Öffnen der Flasche entgegen strömt – als hätte man gerade Woodland betreten. Der Woodland ist ein herb-frischer Gin, destilliert mit fein-milden Sauerländer Quellwasser – perfekt pur als Aperitif, Longdrink oder Gin & Tonic. Fazit: Wenn ihr nicht zum Wald kommt, kommt der Wald eben zu euch. Hey Babe – take a walk to Woodland. Es lohnt sich.

//

KATEGORIE
New Western Dry Gin

HERKUNFT
Deutschland

ENTSTEHUNG
2017

MARKENGRÖSSE
● ● ○ ○

❞

Ein echter Dry Gin aus dem waldig geprägten Mittelgebirge des Sauerlandes.

”

So legendär wie seine Legende: Weltweit ausgezeichneter, klassischer Dry Gin mit Lindenblüte.

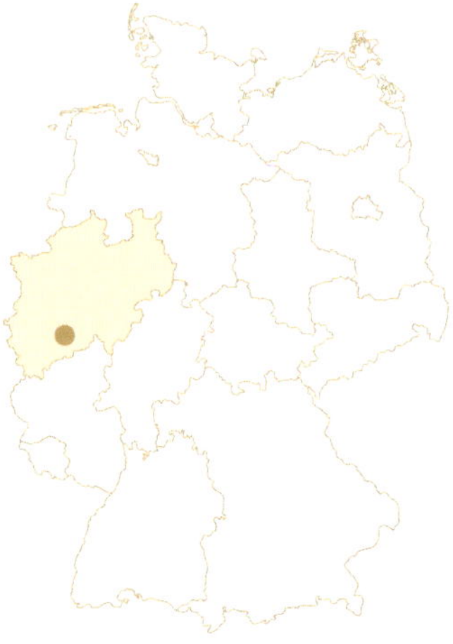

//

KATEGORIE

Distilled Dry Gin

HERKUNFT

Deutschland

ENTSTEHUNG

2014

MARKENGRÖSSE

● ● ● ○

TASTING NOTES

Siegfried Rheinland Dry Gin: *Orange, erdig-würzige Noten von Ingwer, Angelikawurzel und Wacholder, legendär abgerundet mit der Lindenblüte.*

Siegfried Wonderleaf Gin: *Lindenblüte & Wacholder – kein Alk, aber viel Aroma.*

SIEGFRIED GIN

Vom Drachentöter zum Gaumenschmeichler

In der Nibelungensage ist der Namensgeber dieses Gins ein Held, der von der legendären Schönheit Kriemhilds hört, sie retten und heiraten will. Also zieht er los, um einen Drachen zu töten. Dieser Siegfried also gibt dem Gin seinen legendären Namen. Aber eine andere Hauptrolle im deutschen Epos – und auch in diesem epischen Gin – spielt ein legendäres Botanical: Die Lindenblüte – sie ist eins von 18 gut ausgewählten Botanicals. In der Sage fällt ein Lindenblatt auf Siegfrieds Schulter, als er ein Bad in Drachenblut nehmen will, um unsterblich zu werden. Mit einem Drachentöter haben wir es heute zum Glück nicht mehr zu tun, dafür mit einem echten Gaumenschmeichler.

Kann Spuren von Drachenblut enthalten

Heute spielt die Lindenblüte die Hauptrolle im *Siegfried Rheinland Dry Gin,* der von seinen Machern liebevoll *"Siggi"* genannt wird. Die Lindenblüte ist das Leit-Botanical und verleiht dem Gin den legendären Geschmack. Nicht umsonst ist er weltweit eine Legende: Mit zahlreichen Gold- und Doppel-Gold Auszeichnungen ist er einer der besten Gins der Welt. Episch im Geschmack, legendär in der Herstellung. Genau wie seine alkoholfreie Variante. Richtig gehört: Siggi gibt's auch für den Buddy, der immer die "Fahrer-Karte" zieht. *Siegfried Wonderleaf Gin.* Jetzt heißt es: Drink & Drive, Dude! Kein Alkohol, keine Kompromisse! Aber Vorsicht: Kann Spuren von Drachenblut enthalten. Fazit: Ein Gin, zwei Varianten – beide so legendär wie die Sage vom Drachentöter.

AQUAMARIN GIN

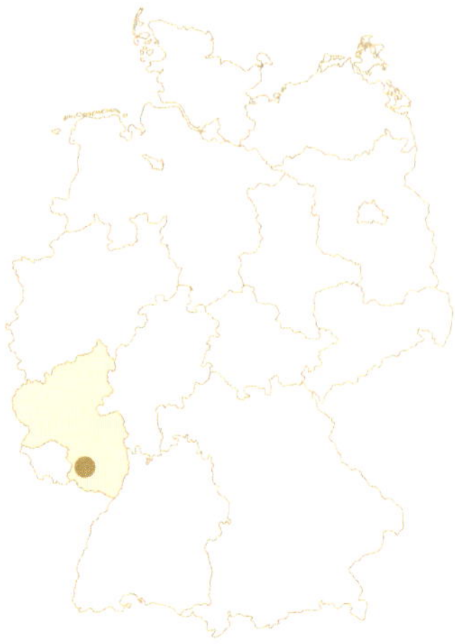

Absoluter Hingucker: Fast zu schön, um zu trinken

Beim *Aquamarin* weiß man gar nicht wo man anfangen soll. Die Gefahr besteht schnell, dass man sich Hals über Kopf in diesen Gin verliebt, noch bevor man ihn verkostet hat. Die Flasche (schon fast eine Beleidigung) ist der Form des Aquamarin-Stein nachgebildet und das was im Innern so verführerisch türkis schimmert, ist sogar ein echter Aquamarin. Ja, richtig verstanden. Hier bekommt man das volle Programm *Aquamarin*: Optisch, geschmacklich und sprichwörtlich. Wir sind jetzt schon verliebt. Und haben noch nicht einmal die Flasche geöffnet.

Großes Kino, großer Gin-Genuss

Sein einzigartiges Aroma bekommt der Gin durch die hauseigenen Botanicals aus dem Kräutergarten des *Restaurant Kirschweiler Brücke* – wo der Gin auch gebrannt wird. Der Gastronom Hans Werner Veek und der Winzer Timo Stölben haben mit dem *Aquamarin* die Gin-Welt um einen einzigartigen Premium-Gin reicher gemacht. Hier steht von Anfang an der Genuss, der alle Sinne anspricht – großes Kino bis zum letzten Schluck: Beim Mischen von Gin und Tonic und UV-Licht entsteht im Glas eine Aquamarin-blaue Farbe. Der echte Aquamarin-Stein in jeder Flasche macht ihn weltweit absolut einzigartig. Fazit: Für echte Gin-Liebhaber ein Muss und absolutes Highlight.

TASTING NOTES

Duftet nach einer saftigen Kräuterwiese. Geschmack: Reife Wacholderbeere, alles sehr frisch ausbalanciert durch die Spearmint Minze und Mandarinenminze. Dazu ein Hauch Kaskadenthymian. Angenehme Zitrusnote durch die Zitronenmelisse. Eine ganz besondere Note bringt das heimische Bohnenkraut hinein.

//

KATEGORIE
London Dry Gin

HERKUNFT
Deutschland

ENTSTEHUNG
2014

MARKENGRÖSSE
●●●○

❞ Purer Genuss, extravagant, weltweit einzigartig in Design und Geschmack.

ECK – KOBLENZ DRY GIN

Anpassen kann sich jeder, anecken nur die Besten

Mit dem *Eck Koblenz Dry Gin* hat die *Doetsch & Jaeger GbR* einen Gin mit Ecken und Kanten ins Leben gerufen. Ein echter Gin aus Koblenz, für Koblenz. Schwerpunkt liegt hier auf der Stadt und ihrem Wahrzeichen – dem Deutschen Eck, wo Vater Rhein und Mutter Mosel sich zu einem Kuss vereinen. Dieser Ort wurde bewusst gewählt, da der Gin die Streuobstwiesen entlang des Rheins mit den prächtigen Reben der Mosel in sich vereint. Dazu gesellt sich der prächtige und pralle Wacholder – eckig, kantig, großartig.

Die Stadt, die ihren eigenen Gin verdient

Eine Stadt mit echten Ecken und Kanten verdient ihren eigenen Gin. Das dachten sich die Macher und haben kurzerhand den *Eck Koblenz Dry Gin* ins Leben gerufen. Wo eckig drauf steht ist auch eckig drin. Das eckige (und doch so runde!) Konzept zieht sich komplett durch. Die Flaschenform? Eckig. Das Etikett? Auch hier ist das Logo stylish eckig und vor allem der Geschmack eckt an. Volle Kante Wacholder, wie ein kerniger... äh... kantiger Gin sein sollte. Anpassen kann sich eben jeder, aber anecken nur die Besten. Fazit: Ein großartiger Gin der aneckt und ankommt – nicht nur bei den Koblenzer Gin-Genießern.

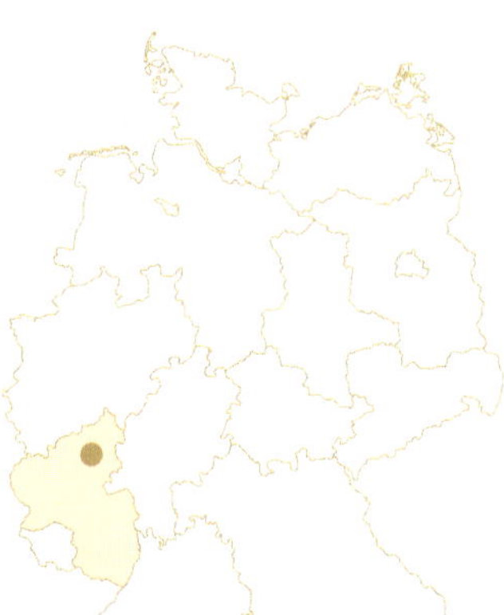

”

Koblenz als Gin im Glas.

//

KATEGORIE
Dry Gin

HERKUNFT
Deutschland

ENTSTEHUNG
2018

MARKENGRÖSSE
● ○ ○ ○

TASTING NOTES
Kraftvolle Wacholdernote in bester Gesellschaft von süßen Früchten und saftiger Trauben. Schönes Fenchelaroma, Kardamom und Koriander, abgerundet mit einer frischen Zitrusnote.

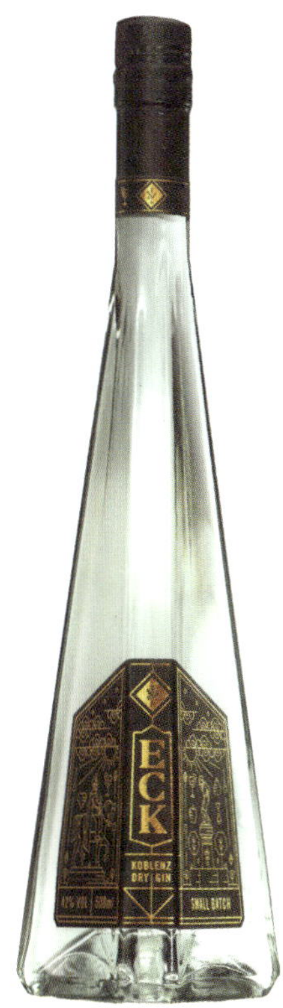

0,5 l // 42 %

Crumpy times call for gentle Gins

Wir leben in einer aufwühlenden Zeit voller Fake-News, rücksichtsloser Social Media Posts, unverschämter Beleidigungen und lautem Gebrüll – da tut eine Rückbesinnung auf Anstand, Stil und Manieren – im Umgang mit unseren Mitmenschen – mal ganz gut. Unmanierlich geht die Welt des guten Stils zugrunde. Tatsache ist: In unserer Zeit fehlen echte Gentlemen mehr denn je. Gut, dass es wenigstens Gins gibt, die diese wertvolle Rolle übernehmen und in unsere ruppige Welt, ein wenig Stil verleihen. Wie der *Gentle 66*. Aber wie macht man eigentlich einen echten Gentleman-Gin?

Ein Gentleman geniesst (einen Gin) und schweigt

Die Story des *Gentle 66* oder *Die ultimative Anleitung für einen Gentleman-Gin:* Man brennt am besten schon immer Wacholder, lässt sich ein Grand-Marnier-Fass (66) anbieten, betritt ein Gewürzgeschäft, lässt all die Aromen und Gerüche auf seine Synapsen los, greift sich die plötzlich herum flatternde Idee vom stilvollen Reserved Gin aus der Luft, destilliert aromaschonend im Pot-Still-Verfahren, führt alle Botanicals einzeln und tröpfchenweise mit der Pipette hinzu und lässt anschließend das Destillat im Grand-Marnier-Fass reifen – fertig ist ein echter Gentleman Gin. Fazit: In einer Zeit großer Unverschämtheit tut es gut, sich mit einem unverschämt guten Gin zurückzulehnen und sich zu sagen: Ein wahrer Gentleman genießt (einen stilvollen Gin) und schweigt.

> ❞
> **Ein Gin mit dem Stil und den Manieren eines Gentleman. Gereift im Grand-Marnier-Fass.**

//

KATEGORIE
Dry Distilled Gin

HERKUNFT
Deutschland

ENTSTEHUNG
2012

MARKENGRÖSSE
● ● ○ ○

TASTING NOTES
Nase: Schöner Barrique-Duft, dazu mischt sich stilvoll der Wacholder und ein Hauch Harz. Gaumen: Weich und mild breiten sich die floralen Aromen am Gaumen aus, dazu gesellt sich der kräftige Wacholder und hinterlässt – ganz gentlemanlike – einen bleibenden Eindruck. Geschmack noch Design.

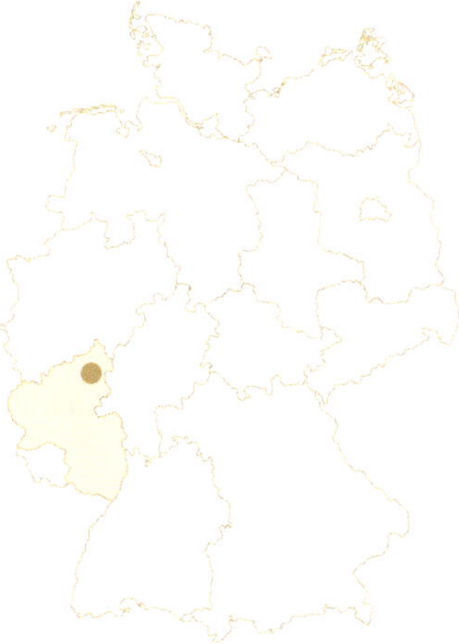

0,5 l // 45 %

GENTLE 66 GIN

TINTE GIN

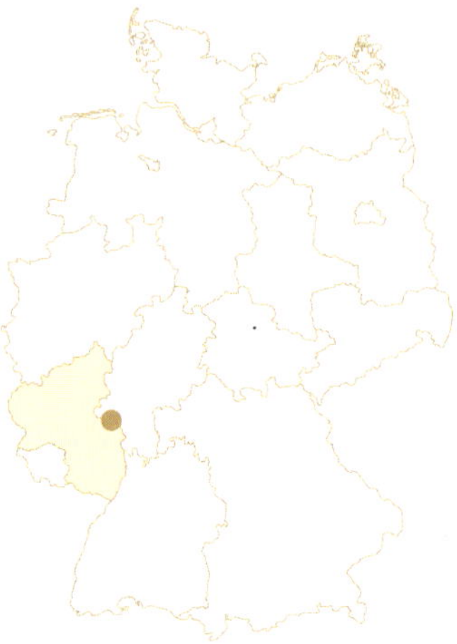

TASTING NOTES

Wacholder bleibt Protagonist, aber die anderen 9 Botanicals sind die idealen Nebendarsteller und bilden ein komplexes Bouquet mit zarten Zitrus- und floralen Noten – auch pur ein Genuss. Mit Tonic aufgefüllt kann man sein Farbspiel genießen.

Ein Tintenfass voll Herzblut

Wie lange ist es her, dass ihr einen Brief geschrieben habt? Keine Mail oder WhatsApp. Einen echten Brief – handgeschrieben auf echtem Papier. Könnt ihr euch erinnern? Vermutlich nicht. Dabei ist ein Brief etwas Besonderes. Es ist eine Wertschätzung dem Empfänger gegenüber. Das haben wir in unserer heutigen Zeit durch die modernen Medien verloren. Der *Tinte Gin von edelranz* aus Mainz kann hier Abhilfe leisten. Hier zählen noch echte Werte und gegenseitige Wertschätzung. Hier werden alte Werte mit frischen Ideen ergänzt und Traditionen weiterentwickelt. Hier werden Individualität und das Zusammenführen von Gegensätzen gefeiert – für mehr Diversität auch in der Gin-Welt. Genau diese verlorenen Werte wurden passioniert destilliert, in tiefblauer Farbe. Abgefüllt in einem kubischen Flaschendesign, das an ein Tintenfässchen erinnert.

Alle Kontinente für einen Gin

Über drei Jahre und mehr als 60 Destillationsversuche stecken in dem Tintenfässchen. Viel Herzblut, Leidenschaft und Kreativität sind hineingeflossen, bis der Perfektionist Florian Polakovski zufrieden war. 10 Jahre hat er vorher als Barmann und Barchef gearbeitet und seine Passion entwickelt, die er nun in seinen *Tinte Gin von edelranz* mit einfließen lässt: Komplexe Aromen und die perfekte Balance der Zutaten. Dafür verwendet er außergewöhnliche Botanicals von allen Kontinenten. Europa, Amerika, Afrika, Australien und Asien. Die Welt vereint in einer Flasche. Fazit: Ein großartiger Gin, der zum persönlichen Gespräch einlädt, ein Gin, der verbindet. Ein Tintenfass voll Herzblut.

//

KATEGORIE
Distilled Dry Gin

HERKUNFT
Deutschland

ENTSTEHUNG
2018

MARKENGRÖSSE
● ● ○ ○

"

Außergewöhnliche Botanicals aus aller Welt, vereint in einer Flasche.

”

In Juniperus veritas: Muscatel Distilled Gin – fruchtig, blumig, mild.

//

KATEGORIE
Distilled Gin

HERKUNFT
Deutschland

ENTSTEHUNG
2015

MARKENGRÖSSE
● ● ● ○

TASTING NOTES
Distilled Gin: *Fruchtige Zitrusaromen, Wacholder, Orangenschalen, Blüten wie Schwertlilie. Im Abgang wunderbar süßliche Kräuter.*
Sloe Gin: *Fruchtige Beeren, langes, weiches Mandel-Finish, angenehme Süße von Obstblütenhonig.*

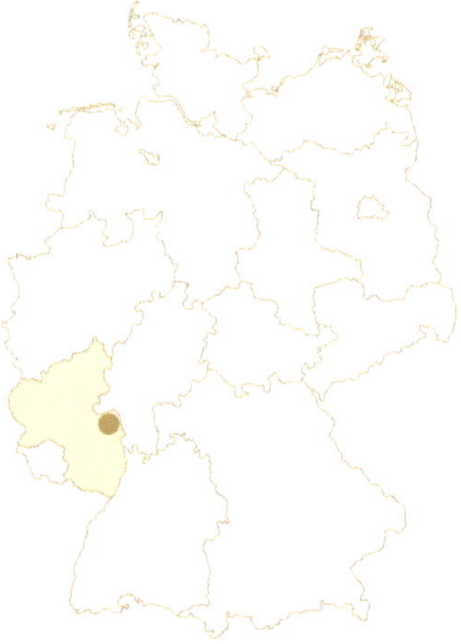

MUSCATEL DISTILLED GIN

A witch, a dragon & Muscatel

Das junge Start-up *A WITCH, A DRAGON & ME* aus Mainz sind fünf Freunde, die die Leidenschaft für handcrafted Goods und besondere Ideen vereint. Die erste Vereinigung ihrer Leidenschaft und Ideen bringt einen eigenen Wodka hervor. Das klappt so gut, dass man erneut alle Kräfte bündelt. Dieses Mal soll es ein besonderer Gin sein, der alle Geschmäcker und Vorlieben der Freunde in einer einzigen Flasche vereint. Ziel ist es, mit einer eigenen Rezeptur einen besonders milden, fruchtigen und blumigen Gin herzustellen. Ein Gin mit typischem Wacholdercharakter, neu interpretiert, der mit einer natürlichen Frische glänzt. Die Freunde haben eine smarte und gewagte Idee...

Wein meets Gin meets Gaumen

Bei der Herstellung lassen sie sich von ihrer familienbedingten Wein-Affinität leiten und infundieren den gelben Muskateller-Wein in ihr Destillat. Seit einer großen Weihnachtsfeier gehört der gelbe Muskateller-Wein zum absoluten Lieblingswein der Freunde. Da ist es also keine Frage, mit welcher Besonderheit man den Gin anreichern könnte. Der gelbe Muskateller zählt zu einer der ältesten Kulturreben und bringt mit seiner Aromavielfalt und süßen Fruchtigkeit eine ganz spezielle und weiche, blumige Note in ihren Gin. Da ist auch der Name schnell klar: *MUSCATEL DISTILLED GIN*. Ab jetzt gilt: In Juniperus veritas. Ein außergewöhnlich gutes Gin-Konzept, das war auch Joko Winterscheidt klar, der sich schnell eine Teilhaberschaft gesichert hat. Fazit: Weinliebhaber werden diesen Gin noch lieber haben und Wein-Gegner haben ein weiteres gutes Argument, keinen Wein trinken zu müssen.

FERDINAND'S SAAR DRY GIN

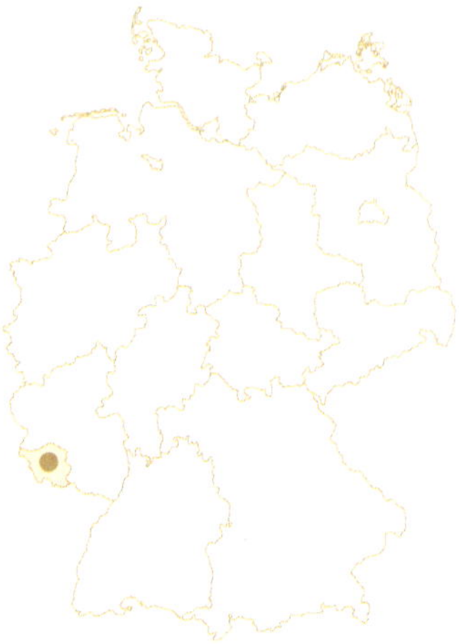

TASTING NOTES

Nase: Schöne florale Noten, zum Wacholder gesellen sich sehr fruchtige Noten. Gaumen: Sehr mild und floral. Der angenehm lange Abgang bildet der Lavendel, frisch und komplex.

Inspired by our heritage. Infused with Slate Riesling

Die besten Maler erschaffen ein so perfektes Abbild einer Landschaft, dass man sich darin verlieren kann. Die Macher des *Ferdinand's Saar Dry Gin* dagegen erschaffen ein grandioses Abbild der wunderschönen Täler und Weinberge der Saar Mosel Region mit ihrem Gin. Aber anders als ein Gemälde, ist der Gin nicht nur für die Augen ein Genuss – zum Glück auch für den Gaumen. Inspiriert von der Vielfältigkeit des Saarlandes und seiner Tradition, benannt nach dem Forstmeister *Ferdinand Geltz* bleibt die Destillerie ihrem Leitsatz treu: *Inspired by our heritage. Infused with Slate Riesling.* Das zeitlose Design und der detailverliebte Herstellungsprozess basieren auf dem historischen Erbe, verfeinert mit dem weltberühmten Saar-Riesling.

Saarländische Geschmacks-Impressionen für den Gaumen

Aufwendig hergestellt mit 30 regionalen und handverlesenen Botanicals bietet er dem Gin-Genießer wahre Geschmacks-Impressionen für den Gaumen. Wacholder, Lavendel, Quitten, Zitronenthymian, Schlehe, Hagebutte, Angelika, Hopfenblüte, Rose, Koriander, Ingwer und Mandelschale sind nur einige davon – der Rest? Ein gut gehütetes Geheimnis. Liebevoll in Handarbeit und in kleinen Chargen wird er hergestellt, als Hommage an eines der faszinierenden Weingebiete der Welt. Die fruchtbare Landschaft von Saar und Mosel, destilliert zu einem erstklassigen Trinkgenuss. Fazit: So faszinierend, wie ein Gemälde von Van Gogh – hätte er die wunderschönen Täler und Weinberge des Saartals gemalt.

//

KATEGORIE
New Western Dry Gin

HERKUNFT
Deutschland

ENTSTEHUNG
2013

MARKENGRÖSSE
●●●○

"

Uncork the flavour of the valleys and vineyards of the beautiful Saar.

Einen Sensor für all die feinen Dinge dieser Welt

Es gibt Menschen, die nehmen die Welt hauptsächlich mit ihren Augen war. Und es gibt Menschen, die haben einen feinen Sensor, für all die seltenen und edlen Aromen unserer Welt. Eric Brabant von der *Feinbrand Manufaktur* ist so ein Mensch. Auf der Jagd nach edlen Aromen ist ihm kein Weg zu weit und kein Prozess zu langwierig. Neben Destillaten sind seine zwei große Leidenschaften seltene Pfeffer und Gewürze. Kombiniert man diese Leidenschaft mit einem Destillat, kann das Ergebnis so faszinierend sein, wie der *Rose Valley Gin*.

Leidenschaft macht es nicht leicht, zahlt sich aber aus

Für Eric Brabant ist Gin die große Faszination, in der er all sein Talent und seine Leidenschaften verschmelzen lassen kann. Und weil echte Leidenschaft schon vor der Herstellung beginnt, werden auch nur beste Zutaten ausgewählt: Lokale, florale Botanicals, seltene edelste Pfeffer aus den entlegensten Ecken dieser Welt, beste Zitrusfrüchte, Tonkabohnen und frisch geröstete Kakaobohnen. Das Besondere: Die Botanicals befinden sich nicht wie bei den meisten Destillen in der Brennblase, sondern im Aromakorb über dem Verstärker – wo die Temperatur 10° niedriger ist. Ein schonender Prozess, der seine Zeit braucht und sich geschmacklich auszahlt. Fazit: Leidenschaft macht es einem nicht gerade leicht. Aber für uns umso leichter, diesem großartigen Gin zu verfallen.

//

KATEGORIE
London Dry Gin

HERKUNFT
Deutschland

ENTSTEHUNG
2017

MARKENGRÖSSE
● ● ○ ○

TASTING NOTES

Rose Valley Gin: *Wacholder hält sich zurück. Sehr mild und leicht süß. Dann kommt der Pfeffer, die Tonkabohne, die Kakaobohne. Dazu frische Zitrone – alles harmoniert perfekt.*

Tassi Special: *Floral, tasmanischer Bergpfeffer, fein & fruchtig.*

ROSE VALLEY GIN

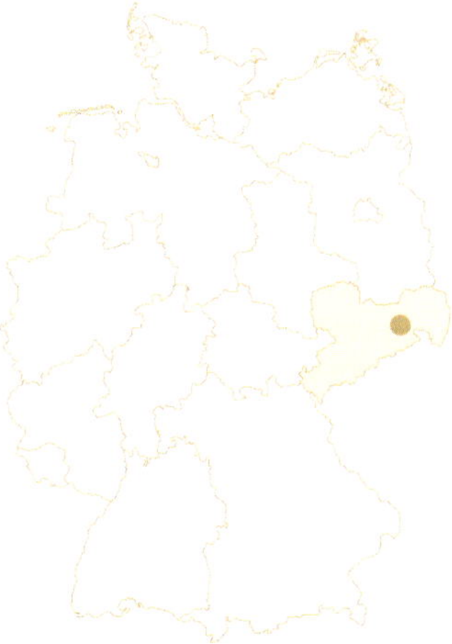

„

Harmonische Aromen floraler Botanicals kombiniert mit seltenem Pfeffer und edlen Gewürzen.

Der Kampf um den guten Geschmack

Hinter dem Namen von *Juniper Jack* steckt eine lange Geschichte. Wie bei den meisten Gin-Marke. Nur diesmal liegt sie in den Archiven des House of Parliament in London vergraben. Interessiert aber die wenigsten. Wie King George II damals auch. Dessen ›Gin Act‹ von 1736 machte nämlich Juniper Jack, einen Brennerei-Gesellen, arbeitslos. Der revanchierte sich mit einem rebellischen Theaterstück: ›The Death of Queen Gin‹. Ein Stück, dass nur ein einziges Mal aufgeführt wurde. Er war ein ziemlich lausiger Dichter, dafür ein echter Pionier und ›independent Spirit‹! Ähnlich verhält es sich mit den Gründern. Sie schauen nicht, was gerade hip ist oder was andere machen. Ihr Kriterium ist ›Spaß im Glas‹. Dabei versuchen sie Abhängigkeiten zu vermeiden und gehen unkonventionelle Wege. So haben sie sich einen direkten Zugang zu den Wacholderbeersammlern gelegt und sich die Exklusivrechte an deren Ernte gesichert.

Eine hochexplosive Wacholderbombe

Juniper Jack ist einfach ein London Dry der alten Schule. Ehrlich und komplex im Geschmack, intensiv in der Aromatik – ›Eine echte Wacholderbombe, die am Gaumen ihre Sprengkraft auch noch Minuten später entfaltet‹, freut sich der Destillateurmeister. Dabei ist er ein Paradebeispiel dafür, dass ein hochkomplexer Gin keine unzähligen Botanicals benötigt. Fazit: Wer glaubt, dass der klassische London Dry Gin tot ist, wer glaubt dass hier schon alles versucht wurde – der täuscht sich. Sogar gewaltig. Juniper Jack ist ein Gin der nicht von jedem geliebt werden will – und den man genau deshalb probiert haben sollte.

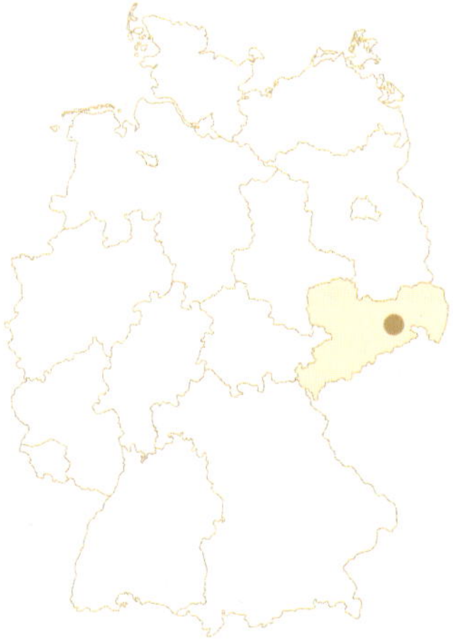

JUNIPER JACK

//

KATEGORIE

London Dry Gin

HERKUNFT

Deutschland

ENTSTEHUNG

2013

MARKENGRÖSSE

● ● ○ ○

TASTING NOTES

Dry Gin: *BOOM – die Wacholderbombe kriecht sehr schön in die Nase. Ein Hauch Minze und Zitrone. Komplex. Geschmack: Die Geschmacksbombe entfaltet sich nach und nach. Limette, Wacholder, Süßholz – die perfekte Balance zwischen süßen und herben Aromen – so muss Unabhängigkeit schmecken.* ***Navy Strength:*** *Wacholder meets Peppermint, Haselnuss und Zitrone.*

Feuer und Flamme für den Gin

Schon bei der Herstellung des *Lyonel Dry Gin* setzt die *Wiegand Manufactur* Weimar auf einen maskulinen Gin: Auf offener Flamme kochen ist bekannt, über einer offenen Flamme einen Gin brennen, das ist ungewöhnlich. Aber genau das macht man dort, um den *Lyonel Dry Gin* zu einem außergewöhnlich markanten Gin zu machen. Mit viel Erfahrung für dieses ungewöhnliche Destillationsverfahren und in sorgfältiger Handarbeit wird der Gin in kleinen Batches destilliert. Nachhaltig, bio und regional – das sind die drei Grundsätze, an die man sich bei der Herstellung des *Lyonel Dry Gin* orientiert. Das bietet die beste Grundlage für einen perfekten Gin.

Kraftvoller Gin, milder Geschmack

Ein echter Charakterkopf. Das fanden auch die Kritiker und haben den *Lyonel Dry Gin* dafür mit dem *International Spirits Award 2016 Gold* ausgezeichnet. Aber auch beim Gin-Genießer wird er einen bleibenden, starken Eindruck hinterlassen: Trotz seiner 50% Alkohol ist er erstaunlich mild – aber schön kräftig im Geschmack. Einmal getrunken, vergisst man ihn nicht so schnell wieder. Wie ein Abend am Lagerfeuer mit guten Freunden. Unser Fazit: Herb aber herzlich – ein kraftvoller Gin mit einer sanften Seele.

TASTING NOTES

In der Nase: intensive Wacholder- und Zitrusnoten. Im Hintergrund etwas Pfeffer und ein Hauch süßer Lavendel. Im Mund: wieder Wacholder und Zitrusfrüchte, dann Kardamom, Pfeffer und auch wieder der Lavendel. Der Abgang bleibt in langer Erinnerung: schön herb-würzig – markant, kernig, kräftig.

//

KATEGORIE
London Dry Gin

HERKUNFT
Deutschland

ENTSTEHUNG
2012

MARKENGRÖSSE
● ● ● ●

LYONEL DRY GIN

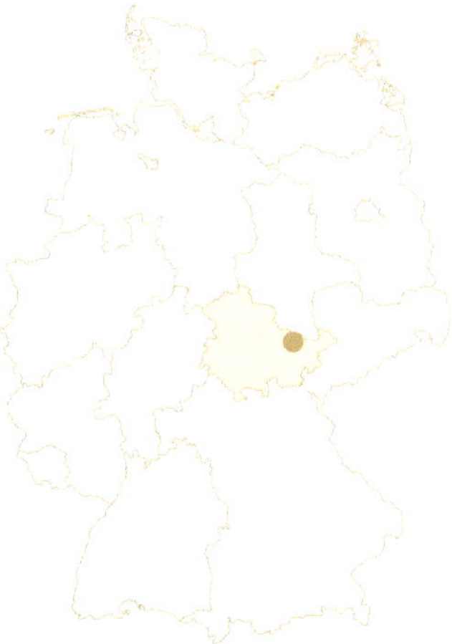

> Ein Gin mit einem intensiven Geschmackserlebnis, das man sich nicht entgehen lassen sollte.

”

Ein klassischer Gin mit Wacholder im Mittelpunkt, umhüllt von den blumigen und fruchtigen Noten Finnlands

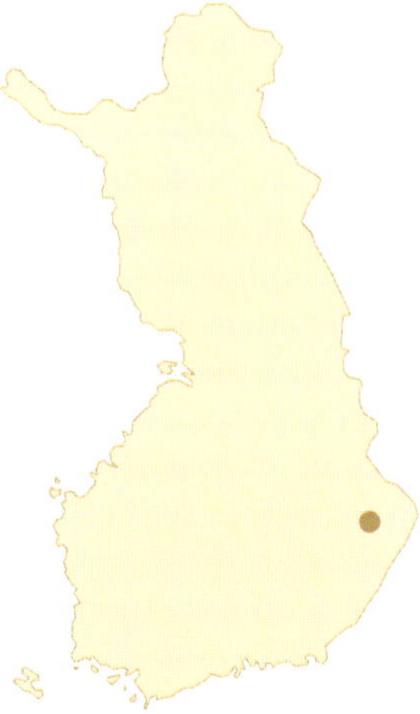

//

KATEGORIE
Distilled Gin

HERKUNFT
Finnland

ENTSTEHUNG
2012

MARKENGRÖSSE
●●○○

TASTING NOTES
Distilled Gin: *Voller explosiver Wacholdergeschmack, dazu unter anderem Ingwer, Minze, Rosmarin, Kardamom, Jerusalem Artischocke, Rosenknospen, Sanddorn, alles in bester Bio-Qualität. Finnlands Natur pur – soweit die Geschmacksknospen reichen.*
Blue Label Gin: *Intensive Wacholdernoten, komplexe Lavendel- und Zitrusnoten, Zimt und Kardamom.*

KALEVALA GIN

Geprägt von der Prohibition der 30er Jahre

Finnland in den 30ern. Die Prohibition gibt den Spielverderber. Aber die Destillen der Ortschaft Kitee in Finnland versorgten die Leute heimlich mit ihrem schwarzgebrannten Schnaps. Und die Leute lieben ihn. In Nordkarelien, im tiefsten Osten Finnlands, zwischen Kiefernwäldern, Seen und Flüssen, an der Grenze zu Russland, befindet sich die Brennerei. Und genau hier, in der Heimat seiner Mutter, hat der Macher des *Kalevala Gin* fast 100 Jahre später seine *Kalevala Destille* verortet. Auf einem alten Hof, der während der Kriegszeit um 1940 gebaut wurde. Das frische eiszeitliche Wasser für den Gin bezieht man aus dem eigenen Brunnen.

In jedem Schluck steckt die Urkraft Finnlands

Für den Geschmack des *Kalevala* ist es wichtig, die Vorgeschichte zu kennen, sie prägt seinen Macher und seinen Gin. Man will die Tradition fortführen. Wegen des Gin-Booms ist es wichtig, back to the roots zu gehen und einen erstklassigen Gin zu kreieren, der nicht überladen ist. Ein Gin mit Charakter. Der vollmundig ist und intensiv nach Wacholder schmeckt, so wie ein perfekter Gin traditionell schmecken muss. Fazit: Der *Kalevala* ist eine einzige Ode an die Urkraft seiner Heimat und ein Lobgesang auf den wunderbaren Wacholder – da singen wir gerne mit – Kippis!

Gehen fünf Finnen in die Sauna

Fünf Finnen, gute Freunde, gehen der traditionellen Lieblingsbeschäftigung aller Finnen nach: Sie besuchen eine Sauna. Dabei verkosten sie zum ersten Mal einem Rye Whisky. Überrascht und begeistert vom Geschmack, fragen sie sich, warum im Roggenland Finnland noch niemand auf die Idee gekommen ist, einen finnischen Whisky aus Roggen herzustellen. Gehen also fünf Finnen in die Sauna und kommen heraus mit einer innovativen Idee für einen Whisky, der schon bald zum *Kyrö Gin* führen soll – aber dazu gleich mehr. Was anfängt wie ein Witz, ist in Wahrheit der Anfang einer außergewöhnlichen Erfolgsstory.

Die furchtlosen Rye Gin-Macher

Die Freunde stellen schnell fest, dass ein Rye Whisky mindestens drei Jahre reifen muss. Da helfen noch so viele Saunagänge nicht, um die Wartezeit zu überbrücken. Solange wollte man nicht sitzen und schwitzen, man beschloss in der Zwischenzeit auch andere Spirituosen auf Roggen-Basis zu brennen. Ein Glücksfall für die Gin-Welt und ein Ausnahmefall für Gin-Genießer. Zwei Jahre nach besagtem Sauna-Besuch kommt der *Kyrö Gin* in einer alten Molkerei von 1908 zur Welt. Roggen ist das Getreide, das am schwierigsten zu destillieren ist. Besessen und furchtlos stürzen sich die Finnen in die Arbeit – ihr Motto: *In Rye we trust*. Wir auch. Das, was diese Finnen hier machen, ist außergewöhnlich, innovativ und so was von überzeugend. Gekürt beim *IWSC* zum besten Gin für einen Gin & Tonic. Fazit: *Kyrö* gehört zu den Gins, die man erleben muss, bevor das Leben vorbei ist – Roggen Roll!!!

”

Finland in a bottle.
The Message:
In Rye we trust.

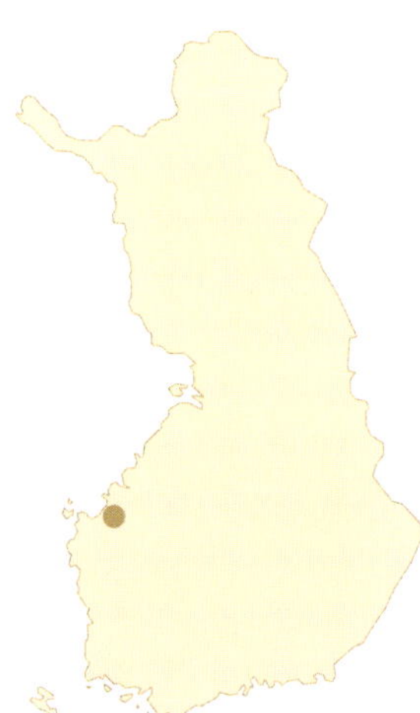

KYRÖ GIN

//

KATEGORIE
New Western Dry Gin

HERKUNFT
Finnland

ENTSTEHUNG
2014

MARKENGRÖSSE
● ○ ○ ○

TASTING NOTES
New Western Dry Gin: *Dank des Roggens ist der Gin würziger und vollmundiger. Trotzdem schön mild, weich, ungewöhnlich mit den Botanicals Sanddorn, Cranberries, Birkenblätter und Mädesüß - absolut eindrucksvoll.*
Koskue Barrel Aged Dry Gin: *100 % Roggen mit Noten von Honig, Orange, Pfeffer und Eiche.*

BOMBAY SAPPHIRE

TASTING NOTES

Frische und dabei dezente Wacholdernote. Pfeffernote sticht heraus, dazu Koriander und schöne Zitrusnoten. Insgesamt sehr mild, sehr weich, sehr angenehm. Hier trinkt das Auge mit – so eindrucksvoll ist der Bombay Sapphire: Hat man ihn einmal gesehen und gekostet, vergisst man weder Geschmack noch Design.

Weltstar und Vorreiter der Gin-Trend-Welle

Wer den Gin in der saphirblauen Flasche nicht kennt, hat die letzten Jahre in einem Baumhaus gelebt oder erst gestern angefangen sich für Gin zu interessieren. Der Bombay Sapphire ist auf der ganzen Welt bekannt und hat die Bar-Szene rund um den Globus im Sturm erobert. Er ist einer der Vorreiter der späteren Gin-Trend-Welle und hat eine gute Story im Gepäck, die bis ins 18. Jahrhundert zurückreicht. So geht sie: Es ist 1760. Wir befinden uns in Warrington, England. Voller Tatendrang errichtet der 24-jährige Thomas Dakin eine Destillerie und beginnt sofort mit unterschiedlichen Rezepten zu experimentieren. Nur leider funkt ihm eine miserable Getreideernte dazwischen. Er nutzt die Zeit und experimentiert weiter. Fügt weitere Botanicals hinzu, bis er im nächsten Jahr – dank einer besseren Ernte – seine ganz eigene Gin-Idee endlich in Flaschen abfüllen kann.

Ein Gin wie eine Zeitreise ans Ende der Welt

Über 200 Jahre später gibt man dem ursprünglichen Rezept noch die zwei weiteren Botanicals Kubebenpfeffer und Paradieskörner bei und die ganz eigene *Bombay Sapphire*-Rezeptur basierend auf dem historischen Ur-Rezept steht. Sein weicher Geschmack und seine wundervoll saphirblau gefärbten Flaschen sind Kult. Zeitreise für eure sieben Sinne gefällig? Bombay öffnen und wegträumen.

//

KATEGORIE
London Dry Gin

HERKUNFT
England

ENTSTEHUNG
1987 (Rezeptur von 1761)

MARKENGRÖSSE
● ● ● ●

„

Die Gin-Avantgarde: Der Bombay Sapphire – Vorreiter und Vordenker des späteren Gin Trends.

A Gin like no other

2008 tun sich vier Experten zusammen und bündeln ihr ganzes Gin-Wissen. Sie haben ein klares Ziel: Einen Gin zu kreieren, der anders ist, als alle anderen Gins der Welt. Ihr Motto "A Gin like no other." wird zum Manifesto, der Look, Geschmack und Image ihres Gins bestimmen soll. Ein Gin, der sich aus der Masse abhebt. Ein Gin, der unvergleichlich ist und schmeckt. Ein Gin, der so smooth und sinnlich ist, dass man ihn nicht mischen, sondern am liebsten pur auf Eis trinken will. Ein Gin, den man immer und überall gern trinkt, aber am liebsten nachts, weil dann die nachtschwarze Flasche, mit ihren stilvollen Details, voll zur Geltung kommt.

Besonders, berüchtigt, verrucht – legendär von Anfang an

Das unique Geschmacksprofil wird klar durch Blaubeeren und Brombeeren bestimmt, die dem *BROCKMANS* eine ungewöhnlich fruchtige Note verleihen. Supported werden sie von klassischen Botanicals wie Angelikawurzel, Koriander, toskanischem Wacholder sowie Zitrus- und Orangenschalen aus Spanien. Die Botanicals werden 24 Stunden lang in Neutralalkohol eingelegt, anschließend wird das Mazerat gebrannt und das Ergebnis? Ein Gin mit fruchtigem Charakter, smooth und tasty. Fazit: Eine Infusion exquisiter Botanicals aus aller Welt mit der Dominanz fruchtiger Beerenaromen, die den *BROCKMANS* zu einer ganz neuen Gin-Erfahrung machen. Ein Gin, der aus jedem Abend, ein Abenteuer macht.

//

KATEGORIE
New Western Dry Gin

HERKUNFT
England

ENTSTEHUNG
2008

MARKENGRÖSSE
● ● ● ●

TASTING NOTES

Wunderbar beerig-fruchtig, etwas Wacholder, frische Zitrusnoten und Koriander. Wir empfehlen den BROCKMANS ‚perfect serve': Eis, Gin, Tonic Water, frische Blaubeeren und eine Grapefruitzeste hinzugeben – fertig! Auch großartig: BROCKMANS für einen Bramble Cocktail nutzen.

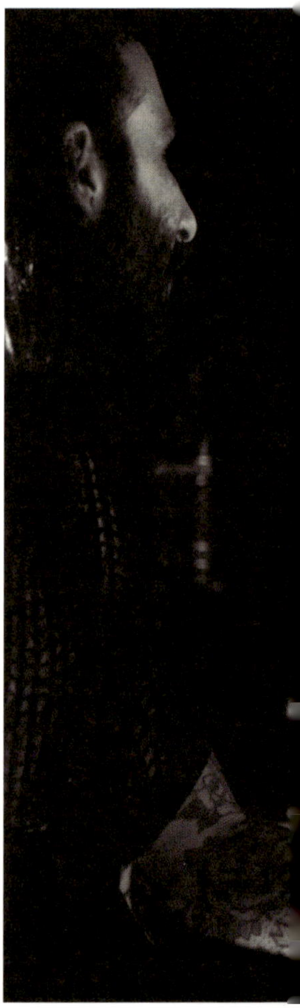

BROCKMANS GIN

„

Intensely Smooth Premium Gin – a Gin like no other.

BROKER'S GIN

„
So trocken wie
britischer Humor.

Vor ihm zieht jeder Gentleman seinen Hut

Häufig ausgezeichnet, oft kopiert, nie erreicht. Stilvolle Gin-Genießer und Freunde des britischen Humors kennen ihn. Bereits seit elf Jahren auf dem Markt, hat der *Broker's* seine Freunde auf der ganzen Welt. Kreiert haben den *Broker's* die Brüder Martin und Andy Dawson in den späten 1990er Jahren. Seit Ende 2015 ist die *McCornick Distilling Co.*, Weston, Missouri, USA der neue Eigentümer von *Broker's Gin*. Als Markenzeichen wählten sie ein typisch britisches Motiv, den Melonen-Hut, für den echten Gentleman aus dem 19. Jahrhundert, der die Brüder bei genauerer Betrachtung an einen Broker erinnerten. So wurde der Name geboren. Manche sagen, er wäre der beste Gin der Welt.

Britisches Understatement, kaum zu überbieten

Ein Gentleman genießt ungern allein, darum kommt der *Broker's* jetzt zu dritt: Neben der klassischen Variante führt die Destillerie mit *Broker's Pink Gin* eine neue erfrischend-fruchtige Gin-Variante ein. Mit natürlichen Erdbeer-Aromen, der perfekte Sommerdrink. Der Dritte im Bunde ist der herbe Bruder des Klassikers: Mit 47% legt er nochmal eine Schippe britisch-trockenen Humor drauf. So viel britisches Understatement ist kaum zu überbieten. Fazit: *Broker's* – ein Gin vor dem Mann nur den Hut ziehen kann. Jede Flasche ziert ein kleiner Hut auf dem Verschluss. Ein echter Hingucker. Ohne Schirm, dafür mit ganz viel Charme und Melone.

//

KATEGORIE
Premium London Dry Gin

HERKUNFT
Großbritannien

ENTSTEHUNG
1998

MARKENGRÖSSE
● ● ● ○

TASTING NOTES
Broker's Gin 40%: *Frischer Wacholder und würziger Koriander – stilvoll britisch trocken und elegant.*
Broker's Gin 47%: *Der kraftvolle Gentleman – perfekt für den Gin & Tonic.*
Broker's Pink Gin: *Sanft, komplex, erfrischend – mit natürlich sommerlichen Erdbeer-Aromen.*

BULLDOG LONDON DRY GIN

Die Jagd nach dem modernsten Gin der Welt

Wo die meisten Gin-Marken auf alte Rezepte setzen oder auf eine lange Tradition verweisen, geht man mit dem *Bulldog* straight forward. Modernes Design, moderne Attitüde und eine erfrischend junge Story: Angefangen hat alles 2007 in New York, mit der Idee den ersten modernen Gin der Welt herzustellen. Die Idee dazu hatte der Investmentbanker Anshuman Vorha. Von seiner Idee gepackt, kündigt er seinen gut dotierten Job und jagt ab sofort seiner großen Idee vom zeitgenössischen Gin nach. Aber er wollte den Gin nicht nur vom angestaubten Großvater-Image befreien, er wollte auch einen absolut smoothen Gin kreieren.

Bold outside, smooth inside

Der *Bulldog* vereint in seiner bulligen Flasche insgesamt 12 großartig ausgesuchte Botanicals, die sich wie die Reiseroute einer Weltreise lesen. Darunter traditionelle und solch exotische wie das Drachenauge, die weiße Mohnblume und das Lotusblatt. Mission accomplished: Nur ein halbes Jahr später steht sein Gin, der die anspruchsvollen Geschmacksknospen moderner Großstädter ansprechen soll, in den Regalen von New York. Von dort aus gelingt ihm kurze Zeit später der internationale Durchbruch. Auch wenn der Bulldog seine Wurzeln in New York hat – gebrannt wird er in den Kupferkesseln einer Destillerie bei Manchester. Fazit: Gins, die bellen, beißen nicht – schmecken dafür umso smoother. Wow!

”

Bulldog London Dry Gin:
Bold on the outside, unexpectly smooth on the inside.

//

KATEGORIE
London Dry Gin

HERKUNFT
England

ENTSTEHUNG
2007

MARKENGRÖSSE
●●○○

TASTING NOTES
Zuerst Wacholder, dann Zitrusfrüchte. Dazu schön viele Kräuter. Am Gaumen floral. Komplexer Wacholder. Trocken und fruchtig zugleich. Im Abgang angenehm süßlich. Komplex im Duft und Geschmack – in drei Worten: BULLDOG. BOLD. BOTANICALS.

HAYMAN'S OF LONDON

//

KATEGORIE
London Dry Gin

HERKUNFT
England

ENTSTEHUNG
1863

MARKENGRÖSSE
● ● ○ ○

TASTING NOTES
London Dry Gin: *Würziger Wacholder, fruchtige Zitronen-Zeste, Koriander, Orange, komplexe Kräuter und Gewürznoten, weich und harmonisch ausbalanciert.*
Old Tom Gin: *Nussige Akzente, waldiges Aroma und natürlich zarte Süße.*
Sloe Gin: *Fruchtige Schlehenbeeren mit Pflaumen.*
Gently Rested Gin: *Würziges Finish, Whisky-Fass-Lagerung.*
Royal Dock Gin: *Leichte Lakritznoten, erdig, karamellartige Süße.*

> „Seit über 150 Jahren wird auf traditionelle Art und Weise „True English Gin“ produziert.

Nichts geht über den perfekten Stil

Im Wein liegt die Wahrheit, sagt man. Wir sagen: Die Wahrheit steckt im Gin. Im *Hayman's of London Gin.* Seit 150 Jahren brennt man diesen ehrlichen Gin schon und trifft damit immer noch perfekt den Nerv der Zeit. Seit fünf Generationen setzt sich die Familie voller Leidenschaft ein, für einen echten englischen Gin und den perfekten Stil. Was den Franzosen ihr Champagner ist, ist den Engländern ihr Gin. Das lassen sie sich nicht nehmen, auch wenn die Konkurrenz in den letzten Jahren aus anderen Ländern stark zugenommen hat. Die Famile hält an ihrem glasklaren, perfekten Stil fest und brennt damit sehr erfolgreich. Aber wie erreicht man eigentlich einen perfekten Stil? Mit Zeit. Viel Zeit.

Ein Gentleman, dem die Gin-Gaumen zu Füßen liegen

Ein echter Gentleman überzeugt mit seiner zurückhaltenden Art. Ein echter englischer Gin überzeugt mit seinem subtilen Auftreten. Das geht nicht mit Eile, nein, das braucht Zeit. Darum wird der *Hayman's of London* mit viel Geduld in einem langwierigen Prozess destilliert. So geht ehrlicher, englischer Gin der überzeugt – auch heute noch. Das Beste: Den *Hayman's* gibt es in fünf überzeugenden Varianten. *London Dry Gin, Old Tom Gin, Sloe Gin, Gently Rested Gin* und *Royal Dock Gin*. Fazit: Echtes englisches Understatement eines perfekten Gentleman-Gins, dem die Gaumen zu Füßen liegen.

HENDRICK'S GIN

Gin 'n Roses

Den *Hendrick's Gin* muss man wohl kaum noch jemandem vorstellen. Berühmt, berüchtigt und beliebt auf der ganzen Welt – ein echter Kult-Gin nicht aus England – nope – aus Schottland. Was aber aber vielleicht noch nicht so bekannt ist, ist wer die Muse hinter diesem Gin ist. Es gibt Gins, die sind inspiriert von uralten Rezepten, von ihrer Heimat oder fernen Ländern. Die Muse, die den *Hendrick's Gin* geküsst hat, sind britische Schwarz-Weiß-Filmklassiker. Von ihnen wurde man inspiriert zur Rezeptur des Gins: Menschen, die in luftigen Sommeroutfits durch akkurat geschnittene Rosengärten flanieren und mit offensichtlich großem Genuss Gurkensandwiches genießen. Große Ideen verstecken sich überall – man muss eben nur genau hinschauen.

//

KATEGORIE
New Western Dry Gin

HERKUNFT
Schottland

ENTSTEHUNG
1886

MARKENGRÖSSE
● ● ● ●

TASTING NOTES
Florale Noten am Gaumen. Zitrone, Pfeffer und ein wenig Wacholder. Erfrischende Gurke. Komplex, weich und geschmeidig – am besten mit einer Scheibe Gurke genießen.

Ein Gin-Klassiker, der jedem Star die Show stiehlt

Angetrieben von dieser Inspiration gelang der Brennmeisterin von *Hendrick's,* Lesley Gracie, ein echter Clou: Neben hochwertigen Kräutern und Gewürzen schaffte sie es dem Destillat die Frische der Gurke und echte Rosenblattessenzen hinzuzufügen. Das Ergebnis: Eine wahre Symphonie aus Leichtigkeit und Komplexität. Überraschend erfrischend und ungewöhnlich geschmeidig im Geschmack. Der Rest ist nicht nur Geschichte – der Rest ist Kult und weltberühmt. Fazit: Ein Gin wie ein Film-Klassiker, wie sie heute nicht mehr gemacht werden. Ein echter Gin-Klassiker, der jedem Star die Show stiehlt. Tipp: Freunde einladen, *Citizen Kane* schauen und dabei Gurkensandwiches und eisgekühlten *Hendrick's Gin* genießen.

”

Der schottische Premium Gin. Außergewöhnlich durch die Infusion mit Rose & Gurke.

MARYLEBONE GIN

Ein Geschmacksvermittler der britischen Gin-Kultur

Wenn wir das London des 18. Jahrhundert wiederbeleben wollen, um eine ungefähre Ahnung zu bekommen, wie es war, damals gelebt zu haben, dann können wir uns die Serie Downton Abbey anschauen. Die alten Sherlock Holmes Filme oder wir schlagen ein Buch von Jane Austen auf. Wollen wir den Geschmack des damaligen Kultgetränks der Londoner für unsere Geschmacksknospen erlebbar machen, brauchen wir heute nur eine Flasche Marylebone Gin zu öffnen: Schon befinden wir uns mitten im London des 18. Jahrhundert und lustwandeln in den Armen eines Gentleman oder einer Gentle Lady – an einem sonnigen Frühlingstag – durch den Pleasure Garden. Marylebone ist sozusagen ein Geschmacksvermittler, ein Zeitzeuge der britischen Gin-Kultur des 18. Jahrhunderts.

Ein stilvoller Gin aus einer Zeit, in der Stil alles war

Der Gin der damaligen Zeit war rauer und stärker als die heutigen Gins, darum hat der Marylebone mit seinen 50,2% einen etwas knackigeren Alkoholgehalt abbekommen. Der Marylebone Gin verkörpert den britischen Charme und die Genusskultur auf geschmackvolle Weise. Schon beim Öffnen der Flasche, vermittelt er den Zeitgeist des alten Londons und das pulsierende Treiben in den Parkanlagen des Pleasure Gardens. Dafür wurden beste Botanicals liebevoll ausgewählt und elegant abgestimmt. Fazit: Ein stilvoller Gin für Gentle Ladies und Gentlemen, die sich in unserer hochtechnologischen und schnellen Welt zurücksehnen in eine Zeit, in der guter Stil alles war.

//

KATEGORIE
London Dry Gin

HERKUNFT
England

ENTSTEHUNG
2016

MARKENGRÖSSE
● ○ ○ ○

TASTING NOTES
Komplex in der Nase. Eine wunderbare Wacholdernote, süßliche-frische Zitrus- und Grapefruitnoten. Langer Abgang mit harmonischen Lakritz- und Nelkennoten.

„Verkörpert den britischen Charme und die Genusskultur Londons des 18. Jahrhunderts auf unvergleichlich authentische Weise.

Inspired by Africa, influenced by adventures, made in England

Die Gin-Welt ist gigantisch. Es gibt viel zu entdecken, aber nur die wenigsten Gins lassen sich auch "erleben". Der *Whitley Neill* ist so ein Gin. Er steckt voller Abenteuerlust. Aber auch eine lange englische Tradition steckt in ihm. Sein Macher Johnny Neill entstammt einer 250 Jahre alten englischen Brenner-Familie. 2005 bringt er nicht nur seinen eigenen Gin auf den Markt, er bringt auch eine neue, exotische Komponente in die Gin-Tradition seiner Familie: Inspiriert von seinen Afrika-Reisen lässt er seine Liebe zu Afrika und seine Abenteuerlust in seinen eigenen Gin fließen. Auch privat schlägt sein Herz für Afrika. Seine Frau ist Afrikanerin und hat ihm Geschichten und Geheimnisse über die Kräuterkunst ihrer Heimat verraten. Liebe geht durch den Magen, sagt man?

Wir sagen: Liebe geht an den Gaumen

Was den *Whitley Neill* so besonders exotisch macht, ist aber nicht nur sein Einfluss und seine Story – sondern das, was drin ist. Johnny's Abenteuerlust hört hier nicht auf. Auch bei den Botanicals beweist er Experimentierfreude: Kassiarinde, Schwertlilienwurzeln, Früchte des Affenbrotbaums und Kappstachelbeeren (aka Physalis) sind nur einige der Botanicals, die in den Genuss kommen, destilliert zu werden – und zwar in einer 100 Jahre alten Kupferbrennblase. Bei Birmingham. Afrika meets England, in der Tradition eines bewährten London Dry Gin. Fazit: In 80 Geschmacksnoten um die Welt. Ein echtes Erlebnis.

”

Ein lebendiger London D
in dem über 100 Jahre er
Brenntradition und die E
verschmelzen.

WHITLEY NEILL GIN

//

KATEGORIE

London Dry Gin

HERKUNFT

England

ENTSTEHUNG

2005

MARKENGRÖSSE

● ● ● ○

TASTING NOTES

Vollmundig, komplex, sehr weich, würzig, floral, langer Abgang. Mit einem subtilen Charakter von Kräutern, Kakao und kandierten Zitronenschalen.

0,7 l // 43 %

Mit Hochdruck zur Perfektion

Angefangen hat alles mit einer großen Vision in einer kleinen Küche in Schottland. Dort tun sich 2014 Steve und Viv Muir zusammen, um ihren eigenen, perfekten Gin herzustellen. Das ist von Anfang die gemeinsame idee der beiden Gin-Produzenten. Sie beginnen unter Hochdruck zu arbeiten und das kann man ruhig wörtlich nehmen: Sie experimentieren mit einem Dampfdruckkochtopf, verschiedenen alten Heizungsrohren und handverlesenen Botanicals.

Von der Küche zur Königin

Nur ein Jahr später wird das Ergebnis dieses Experiments, der Original *NB Gin* bei den *„World Gin Awards“* zum besten London Dry Gin der Welt gewählt. Heute produzieren die Macher nach den Vorgaben eines London Dry Gin in einer maßgefertigten Destillationsapparatur aus Kupfer in der kleinen *NB Distillery* im schottischen North Berwick und das sehr erfolgreich. So erfolgreich, dass sogar die Queen Elisabeth II. sich als Liebhaberin des *NB Gins* outete. Der *NB* wurde als exklusive Getränkemarke für ihren 90. Geburtstag ausgewählt. Fazit: Wer jetzt Lust bekommen hat, diesen Tropfen zu verkosten, hat die Qual der Wahl: Neben der *NB Gin*-Variante gibt es noch den *Navy Strength* mit ordentlich Wumms in der Flasche. Mit 57% Alkohol hat er so viel Alkohol, wie im 18. Jahrhundert die Royal British Navy für Gin eingefordert hatte.

//

KATEGORIE
London Dry Gin

HERKUNFT
Schottland

ENTSTEHUNG
2014

MARKENGRÖSSE
● ○ ○ ○

TASTING NOTES

Perfekt ausbalanciert. Klar, frisch und weich. Neben ihren Hauptdarstellern – dem Wacholder und der Zitrone – bekommen auch Koriandersamen, Angelikawurzel, Paradieskörner, Zitronenschale, Zimtkassie, Kardamom und Iriswurzel ihren Platz. Alles perfekt mit einer Prise Pfeffer abgerundet. Die Variante ***Navy Strength*** *ist mit 57% Alkohol eine echte Geschmacks-Granate.*

NB GIN

❞
Klar und frisch mit einer wunderbar weichen Textur.

Wild at herbs, tasty by nature

Wer schon immer wissen wollte, wie es sich anfühlt an der schottischen Küste zu stehen und aufs raue Meer zu blicken, während einem die Wolken wie im Zeitraffer über den Kopf hinweg ziehen, der braucht jetzt nur noch eine Flasche zu öffnen. Schon steht man mitten auf der atemberaubenden Hebrideninsel Islay. Bekannt bislang für großartige Whiskys – und ab jetzt auch für einen unglaublich komplexen Gin: *The Botanist*. So wild und komplex wie seine Heimatinsel. Ganze 22 wildwachsende Botanicals, die es zum Teil nur auf der Insel gibt, verleihen ihm seinen wilden Taste und seine vielschichtige Intensität. Darunter solch ausgefallene Botanicals wie Moor-Birke, Wasserminze und Stechginster.

Wie fängt man die wilde Seele der Natur ein?

Aber nicht nur die Botanicals sind einzigartig, auch der Herstellungsprozess: Head Distiller Adam Hannett orientiert sich an den Extraktionskünsten der ganz großen Destillateure und verwendet dafür sogenannte Lomond Pot Stills – die weltweit einzigen ihrer Art. So wird ganz langsam und schonend destilliert und die volle Essenz der Blüten und der Kräuter bleibt erhalten. So, genau so fängt man den Duft und die Seele der Natur in all ihrer Wildheit ein. Fazit: Grab *The Botanist* and take a walk on the wild side.

THE BOTANIST

//

KATEGORIE
London Dry Gin

HERKUNFT
Schottland

ENTSTEHUNG
2011

MARKENGRÖSSE
● ● ● ●

TASTING NOTES
Komplex. Süßes Menthol, Apfelminze, Waldblüten und klar, auch Wacholder. Leichte Anisnote, Zitrone und Orange, Distel, Zitrone – wie ein Spaziergang durch eine schottische Sommerwiese (Sommerblumen!). Schmeckt vollmundig weich und warm. Unglaublich sanft und komplex dank seiner 22 wilden Botanicals.

RUTTE GIN

//

KATEGORIE
Dry Gin

HERKUNFT
Holland

ENTSTEHUNG
1872

MARKENGRÖSSE
● ● ○ ○

TASTING NOTES
Dry Gin: *Deutliche Wacholdernote, dazu Pinien und Koriander. Florale Noten von Veilchen, feine Pfeffer-Würze und herbe Orange. Langer frischer Abgang mit Ingwer und Salbei.*
Celery Gin: *Leichte Wacholdernote, dazu Zitrus- und Kräuternoten, frische Sellerienote, Kardamom, Koriander und süße Orange.*
Genever: *Viel Nuss, Zitrusnoten, beerig-fruchtig, mit leichter Süße.*

Ein klares Statement der niederländischen Destillationskunst.

Eine lange Tradition, mit einer großen Zukunft

Auf eine lange Tradition blickt die niederländische *Destillerie Rutte* zurück. Tritt aber trotzdem absolut innovativ auf. Hier weiß man genau, wie man traditionelle Werte und modernes, zukunftsorientiertes Denken zu einem erstklassigen Gin destilliert. Dazu gehört die Verwendung von 100% natürlichen Botanicals und größte Sorgfalt. Zukunftsaussichten? Mehr als rosig. Wer so viel Können und Leidenschaft in Gin steckt, hat eine große Vision. Mit der fing auch 1872 alles an, als Simon Rutte in der Nähe von Rotterdam die kleine Destille aus der Taufe hebt.

Ein altes Grundrezept, drei innovative Meisterwerke

Seit Tag 1 legt man hier Wert auf höchste Qualität, bestes Handwerk und auf das originale Grundrezept von Simon Rutte. Dafür ist heute Master Distiller Myriam Hendrickx verantwortlich. Back to the roots mit innovativem Blick in die Zukunft. So entstehen solch ungewöhnliche Gin-Kreationen, wie der *Rutte Celery Gin,* komplex und frisch durch sein Vegetable-Botanical Sellerie. Oder der *Rutte Old Simon Genever,* auch mit Sellerie, aber auch mit Wal- und Haselnüssen, Muskatnussschale und Carob, einer Kaffee-Kakaobohne. Der Spagat zwischen Tradition und Moderne schmeckt zeitlos großartig. Fazit: Ein altes Grundrezept, drei absolut innovative Meisterwerke.

G'VINE FLORAISON GIN

TASTING NOTES

Elegante, komplexe Aromen von fruchtigen Trauben. Intensiv, floral, weich. Harmoniert schön mit Wacholder, Zitrone und Koriander.

Moderne Ginkultur trifft auf französische Weinkultur

Kann das gut gehen? Und wie! Der elegante Gin mit dem so wohlklingenden Namen G'Vine Floraison basiert auf französischen Weintrauben. Was diesen Gin wirklich unique macht, ist die Verwendung der grünen Weinblüte, aus der ein ganz eigenes Destillat hergestellt wird, das diesem Gin seine typisch wunderbar florale Note verleiht. Schuld an dieser faszinierenden Gin-Kreation ist eine Kooperation zweier kreativer Franzosen: Destillateur Jean-Sébastien Robicquet und der Önologe Bruno De Reilhac haben ihre Köpfe zusammengesteckt und ihre Leidenschaften in einen gemeinsamen Bottich geworfen – oder sagen wir besser in kleine Batches. Was dabei herausgekommen ist, ist mehr als faszinierend.

Ein Gin wie ein kulinarischer Roadtrip durch Frankreich

Unkonventionell gedacht, bringt unglaublich innovative Aromen und Geschmacksnoten in die Gin-Welt. Neben klassischen Botanicals gesellt sich die unkonventionelle Infusion mit Weinblüten zum Gin. Weinliebhaber aufgepasst: Die Weißweinrebsorte Ugni Blanc dient als Basis für das Destillat. Dieser besondere Traubenbrand wird für diesen Gin extra in kleinen Batches destilliert und dient zur Mazeration der Botanicals. Nur ein einziges Mal im Jahr und nur wenige Tage blühen die Weinpflanzen bevor die Weintrauben entstehen. Man nennt diese Tage "Floraison" – darum der Name. Fazit: Ein Gin, wie ein kulinarischer Roadtrip durch die Weinbaugebiete Frankreichs. Fruchtig, floral, mit intensiven Geschmackseindrücken, die man nicht so schnell vergisst.

//

KATEGORIE
New Western Dry Gin

HERKUNFT
Frankreich

ENTSTEHUNG
2006

MARKENGRÖSSE
● ● ● ○

„Aus Tradition unkonventionell.

"

LE TRIBUTE GIN – Yet dry enough.
Ein frischer und trockener Gin aus Spanien.
Hergestellt aus besten Zutaten.

LE TRIBUTE GIN

//

KATEGORIE
Dry Gin

HERKUNFT
Spanien

ENTSTEHUNG
seit 2017 in Deutschland erhältlich

MARKENGRÖSSE
●●●○

TASTING NOTES
Nase: Intensive frische Aromen der Zitrusfrüchte, komplexes Frucht-Bouquet. Gaumen: Fruchtig, süße Mandarine, überraschend frische und komplexe Zitrusnoten.

Ein junger spanischer Dry Gin mit einer alten Seele

Wie kombiniert man Tradition und Avantgarde in einem kleinen Dorf in Spanien und macht einen Gin, der Gin-Liebhaber und Bartender auf der ganzen Welt begeistert? 1835 beginnt die Geschichte des Familienunternehmens im kleinen Fischerdorf Vilanova in der Nähe von Barcelona. Zuerst sind es Medikamente, Erfrischungsgetränke und Sirups, die man herstellt. 45 Jahre später sind es Liköre und Spirituosen. Und schon vor über 100 Jahren war erkennbar, dass die Familie Mut hat, Neues auszuprobieren, um komplexere Spirituosen herzustellen. So kreiert man moderne Produkte, die die Seele einer alten Tradition transportieren.

Eine Hommage an die Vorfahren, eine Ehre für Gin-Genießer

1940 bringt die Familie den ersten spanischen Gin auf den Markt. 1982 wird ein echter Premium Dry Gin hergestellt, mit besten Botanicals und 2017 schließlich bringt man den *Le Tribute Gin* auf den Markt. Viele Jahrzehnte Erfahrung und Können fließen in das Destillat hinein. Das Ergebnis ist eine leidenschaftliche Hommage an die Vorfahren, an das eigene Erbe und die Handwerkskunst. Ausschließlich in Handarbeit hergestellt, mit ausgewählten Botanicals – aufwendig einzeln mazeriert und destilliert. Kein Wunder, dass auch heute noch genau in diesem Familienunternehmen bereits in fünfter Generation erstklassige Produkte hergestellt werden. Fazit: Ein unvergleichlicher, frischer und fruchtiger Gin, dem man seine lange Geschichte nicht ansieht, aber schmeckt. Eine Ehre, diesen Gin zu trinken. Salud!

DEUX FRÈRES GIN

TASTING NOTES

Kristallklare Wacholdernote, floral und frisch an der Nase. Am Gaumen wunderbar weich und harmonisch. Absolut komplex, sehr aromatisch. Der Abschied hält an und lässt eine feine Würze zurück.

Born in Switzerland. Handmade in Austria

Schon während seines Lebensmitteltechnologie-Studiums hat der Ältere der drei Brüder mit Gin-Rezepten experimentiert. Daraus entstand die gemeinsame Vision, vom eigenen hochwertigen Gin. 2015 entwickelten die Brüder so die erste Rezeptur – still und heimlich – im heimischen Labor in der Schweiz. Heute wird der Gin von ihrem Master Destillateur in Tirol destilliert. Born in Switzerland, made in Austria sozusagen. Die Vision der Brüder geht nicht nur geschmacklich voll auf, auch optisch bietet der *Deux Frères Gin* einen guten Grund zum Genuss...

Farbenspiel für die Augen. Aromenspektakel für den Gaumen

Bio-Wacholderbeeren und Zitronenschalen, Rosenblätter, Lavendelblüten, Angelikawurzel, Curcumawurzel, Ysopkraut und Orangenblütenblätter sind nur ein Teil der 25 Botanicals. Der Rest ist nicht nur Schweigen, sondern ein gut gehütetes Geheimnis. Durch die Botanicals erstrahlt der Gin in einem kräftigen Blau. Bei diesem Anblick schaut man gern etwas tiefer und länger ins Glas. Aber das ist optisch nicht alles, was der *Deux Frères Gin* zu bieten hat: Gibt man Tonic dazu, wandelt sich die Farbe von kräftigem Blau über Violett bis zu einem zarten Rosa. Das passiert allein durch die Kraft der Botanicals – das Wunder der Natur. Ein echtes Farbenspiel für die Augen und ein Aromenspektakel für den Gaumen. Kann man von einem Gin mehr erwarten? Kaum. Fazit: Ein Gin, der alle Sinne glücklich macht.

//

KATEGORIE
London Dry Gin

HERKUNFT
Schweiz

ENTSTEHUNG
2015

MARKENGRÖSSE
● ● ○ ○

"
Zwei Brüder.
Zwei Farben.
Ein Gin.

”

Ein fruchtiger, runder,
gehaltvoller Gin
auch zum Pur genießen.

6317 GIN

//

KATEGORIE
New Western Dry Gin

HERKUNFT
Schweiz

ENTSTEHUNG
2010

MARKENGRÖSSE
● ○ ○ ○

TASTING NOTES
Unglaublich mild – perfekt, um ihn erstmal pur auf Eis zu genießen. Für die Nase gibt's Orangenmarmelade pur, schön fruchtig, würzig, rauchig und für den Gaumen: schöne Zitrusnoten und angenehmes Zitrusöl – dazu Fenchel.

Maximales Aroma auf minimalem Raum

Nein, die Flaschen sind wirklich nicht sehr groß. Tut das dem Gin einen Abbruch? Na ja, wenn der letzte Schluck getrunken ist schon, aber sonst hat es nur Vorteile, dass es den *6317* nur in kleineren Flaschen gibt – besonders geschmackliche: Sauerstoff ist der größte Feind des guten Geschmacks (sehen wir von Rotwein einmal ab). Öffnet man eine Flasche Gin, sind die Tage seines guten Aromas gezählt – ab da geht's mit dem Destillat geschmacklich nur noch bergab. Um die Freude und den Genuss am guten Geschmack am Destillat optimal zu erhalten, gibt es den *6317* ausschließlich in 50 cl – Flaschen.

Kleiner Gin, großes Gaumen-Kino

Was hat der *6317* eigentlich drauf, auf seinem Etikett? *6317* – ist eine liebevolle Hommage an seine Herkunft. Aber natürlich ist noch wichtiger, was drin ist in einer solch kleinen Flasche. Kurz: Gin in Vollendung. Geschmacklich gibt es hier ganz viel zu entdecken, kein Wunder, schaut man sich seine Entstehungsgeschichte an: 17 Destillationsversuche hat der Kleine hinter sich, ganze 63 Botanicals und eine inspirierende Passion für Fruchtbrände des Brennmeisters stecken in ihm. Ein Gin, der dem Gin-Genießer auf kleinstem Raum die ganz großen Aromen entdecken lassen. Die Geschmacksreise kann beginnen – aber nicht ohne uns. Fazit: Ganz großes Gaumen-Kino!

Abgefüllt in Handarbeit, gemacht mit Köpfchen

Wer sich vornimmt, einen Gin ausschließlich in Handarbeit herzustellen, hat entweder zu viel Zeit oder Köpfchen. Im Falle des *Matte Gin* tippen wir auf Zweiteres. Wer so viel Arbeit, Verstand und Leidenschaft in seinen Gin steckt, der kann nur einen spitzen Gin machen. Zu echter Handarbeit gehört eben auch Köpfchen. Etwas, was Maschinen nicht brauchen. Wer das so gut beherrscht, der konzentriert sich natürlich nicht nur auf ein Destillat: In der *Brennerei Matte* in Bern dreht sich im 150 Liter großen Brennkessel neben dem Gin auch alles um Absinth. Man sitzt ja schließlich in der Schweiz.

Gin – der Spiegel unserer modernen Trinkkultur

Acht der zehn Botanicals kommen aus der Umgebung und verleihen dem Matte seinen fruchtig-würzigen Charakter. Köpfen und Verstand beweist die Brennerei auch mit der Strategie, die Transporte möglichst kurz zu halten, um die lokale Landwirtschaft zu unterstützen. Dass das auch gut für die Umwelt ist, ist natürlich ein guter Nebeneffekt – das gefällt uns. Was uns noch an dem Matte gefällt ist sein komplexer Geschmack, den ihm seine Botanicals verleihen – unter anderem: Veilchenwurzel, Süßholzwurzel und Zimt. Gin ist der Drink, der unsere moderne Drinkkultur wie keine andere Spirituose widerspiegelt – schön, wenn er in unserer heutigen Zeit noch in Handarbeit hergestellt wird. Fazit: Ein Premium-Gin, abgefüllt, verkorkt, versiegelt und etikettiert in Handarbeit – gemacht mit Köpfchen.

MATTE DRY GIN

> Traditionally bottled, corked, sealed and labeled by hand in Switzerland.

//

KATEGORIE

London Dry Gin

HERKUNFT

Schweiz

ENTSTEHUNG

2016

MARKENGRÖSSE

● ○ ○ ○

TASTING NOTES

Dry Gin: *Kräftige Wacholdernote, schöne Zimt- und Gewürzaromen, frische Zitrusnoten, dazu Süßholz und Veilchenwurzel. Alles sehr stimmig, sehr würzig und fabelhaft frisch.*

Sloe Gin: *Süß-bittere Noten von Wacholder, Schlehen- und Mandelaromen.*

0,5 l // 47 %

Der Bergkristall ruft

Wer sich schon mal in den Anblick eines kristallklaren Bergsees – umgeben von einer atemberaubenden Bergwelt – verliebt hat, der kann vielleicht erahnen, was ihn erwartet, wenn er den *Swiss Crystal Gin* aufmacht. Stark geprägt durch seine Schweizer Heimat, mit besten alpinen Botanicals wird er im Herzen des Berner Oberlands mit einem ganz speziellen Verfahren veredelt: Nach dem Brennprozess lässt man das Destillat zur Vollendung über einen echten Bergkristall laufen – eine Art Ritterschlag für den Gin. So erhält er seine feine Veredelung. Das macht ihn nicht nur in der Schweiz absolut einzigartig, sondern weltweit.

Alle Sinne trinken mit

Inspiration für die traditionsreiche *Distillery Rugenbräu AG* zu diesem Gin war die Schweizer Bergwelt mit seinen Alpenkräutern. Beste Voraussetzungen, um sich mit einem ganz besonderen Gin von der Masse abzuheben. Selbst das Flakon des *Swiss Crystal Gin* erinnert an einen kristallklaren Bergsee. Hier trinken alle Sinne mit, bevor man diese wunderschöne Flasche überhaupt erst aufgemacht hat. Neben frischem Gebirgswasser und dem Wacholder, werden auch heimische alpine Botanicals verwendet, wie Edelweiß und Alpenrose. Fazit: Wann hat man schon mal die Möglichkeit einen Gin zu genießen, der mit einem Bergkristall veredelt wird?

//

KATEGORIE
London Dry Gin

HERKUNFT
Schweiz

ENTSTEHUNG
2016

MARKENGRÖSSE
●●○○

TASTING NOTES

Fürs Auge: Kristallklar wie ein Bergsee. Für die Nase: Frisches Bouquet aus Zitrusfrüchten. Es folgen Pfefferminz, Zimt und Kardamom. Für den Gaumen: Erst die typische Wacholdernote, dann fruchtig-süße Zitrone und Mandarine. Es folgt ein geschmacklicher Nachklang von erlesenen Alpenkräutern und Gewürznoten – so lang wie eine Skipiste in den Schweizer Alpen.

SWISS CRYSTAL GIN

„
Erlesene Alpenkräuter und kristallklares Bergwasser verleihen dem Schweizer Premium Gin seinen einzigartigen Charakter.

0,7 l // 46 %

Ein Charakterkopf wie sein Vorbild

William Morris war ein bedeutender Architekt, Designer, Poet, Mitbegründer des „Arts and Crafts Movement“ in England Mitte des 19. Jahrhundert. Nach seinen Plänen wurden ab 1888 in den Alpen der Schweiz und Österreich zwei Jagdvillen im Anglo-Schottischen “Cottage Style” von regionalen Handwerksmeistern errichtet. *WILLIAM MORRIS London Dry Gin* ist eine „Hommage“ an diesen außerordentlichen Charakter. Das Motiv auf dem Etikett basiert auf einem Stoffmuster von William Morris, „The Strawberry Thieves“, das in seinen Werkstätten im 19. Jahrhundert in England produziert wurde. Entsprechend ist die Etikette mit speziellem Druck auf Samt ausgeführt. Dieses Produktdesign von Theresia Angel-Hämmerle, wurde mit dem Award für „Packaging Design“ von *IWSC London* ausgezeichnet.

Große Kunst – destilliert in kleinen Batches

Ein erstklassiger Premium Gin mit klarem Wacholder, mit dem Herzen eines klassischen London Dry Gin und der wilden Seele von Schweizer Botanicals, ist der *William Morris* ein absolut individueller Charakterkopf für echte Charakterköpfe. Für Gin-Genießer, die es gern klassisch mögen, mit einer Prise Kreativität. Und die sich erfreuen an einem komplexen Zusammenspiel von Geschmack und Design. Die Botanicals allein sind so kunstvoll arrangiert, dass man ins Staunen gerät. Fazit: Was die Macher Theresia und Peter Angel von *The Wild Alps Distillers* mit diesem Gin geleistet haben, das ist große Kunst – destilliert in kleinen Batches.

//

KATEGORIE
London Dry Gin

HERKUNFT
Schweiz

ENTSTEHUNG
2015

MARKENGRÖSSE
●●○○

TASTING NOTES
Fruchtig komplex, Himbeere, Pfeffer, die Frische von Gurke, komplexe Kräuter, schöne Wacholder- und Zitrusnoten, unglaublich harmonisch.

WILLIAM MORRIS DRY GIN

"Die individuelle Interpretation eines London Dry Gin mit Botanicals aus den wilden Alpen. Vielfach ausgezeichnet für Geschmack und Design.

WILLIAM MORRIS DRY GIN // LONDON DRY GIN

0,7 l // 47 %

Innovative Destillierkunst auf höchstem Niveau

Die *Distillery Krauss* hat jahrelang mit großem Erfolg Edelbrände hergestellt. Entweder ruht man sich auf dem Erfolg aus oder man probiert etwas Neues. Man hat sich für's Neue entschieden. Neben holzfassgereiften Edelbränden setzt das Unternehmen mittlerweile auch auf internationale Spirituosen. Und es hat sich ausgezahlt: Ihr erster *G+-London Dry Gin* wurde in San Francisco mit Doppelgold prämiert. Dabei hat die Erfolgsgeschichte mal ganz klein in einer Garage in der Steiermark angefangen. Sympathisch. Sympathisch ist auch die Leidenschaft des Paares, mit der sie traditionelle Spirituosen modern interpretieren, wie sie Tradition behutsam mit Innovation kombinieren und Bewährtes mit Neuem verbinden. Das Ergebnis: Destillierkunst auf höchstem Niveau.

Was zu viel ist, ist zu viel für nur einen Gin

Und weil Kunst von Können kommt, beginnt das Können bereits vor der Herstellung – nämlich bei der Auswahl der Zutaten: Äußerst anspruchsvoll geht man hier vor und verwendet nur allerbeste Rohstoffe. Wer so leidenschaftlich, motiviert und meisterhaft erstklassigen Gin macht, der darf nicht nur einen Gin im Sortiment haben. Da reicht ein Gin einfach nicht. Darum destilliert das Paar weiter. Das klappt so gut, dass sie mittlerweile sieben weitere Gins im Sortiment und unzählige Awards auf ihrem Regal stehen haben. Fazit: Die einen ruhen sich auf ihrem Erfolg aus, andere produzieren einen erstklassigen Gin nach dem anderen.

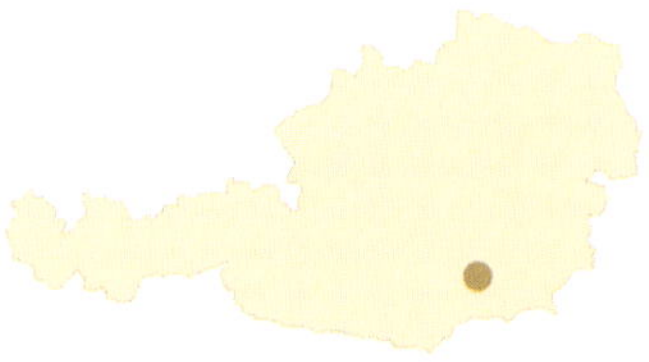

G+-GIN

//

KATEGORIE
London Dry Gin

HERKUNFT
Österreich

ENTSTEHUNG
2016

MARKENGRÖSSE
● ● ○ ○

TASTING NOTES
G⁺-Tangerine: *Feinste sonnengereifte Mandarinen, Thymian, Ingwer, Minze, Himbeere – dazu würzige Kräuter – schmeckt wie die Sonne Kalabriens im Glas. Doppel-Gold und Gin of the Year beim China Wine & Spirit Award.*
G⁺⁺ Oak Cask: *Feine Wacholdernote harmoniert mit Mandarinen, Vanille und Kardamom. Langer, weicher Abgang mit Mandarine und Vanille.*

G⁺GIN // LONDON DRY GIN

0,5 l // 44 %

WACHOLDERBÄR

//

KATEGORIE
Organic Dry Gin

HERKUNFT
Österreich

ENTSTEHUNG
2018

MARKENGRÖSSE
● ● ○ ○

TASTING NOTES
Tyrolean Roots & Herbs: *Der Klassiker der dreiteiligen Serie. Echte Tiroler Wurzeln und Kräuter geben ihm seine spezielle Note.*
Styrian Apples & Elder: *Steirische Bio Topaz-Äpfel und Bio-Hollerbeeren verleihen ihm seine Farbtönung und sein spezielles, fruchtiges Aroma -abgerundet mit einer Nuance Ingwer.*
Lower Austrian Grapes & Saffron: *Bio-Safran verleiht ihm die zart-gelbe Farbe, die Rosenblätter die florale, elegante Note. Perfekt abgerundet mit besten Bio-Weintrauben.*

> "Aus regionalen, biologischen Zutaten mit Leidenschaft, Geduld und viel Liebe zum Detail destilliert.

Die Legende vom Wacholderbär

Der Wacholderbär (ursus juniperi fructus) ist der Legende nach, ein Raubtier. Beheimatet ist oder war es am Tiroler Mieminger Plateau, wo schon seit Uhrzeiten der kräftigste Wacholder wächst. Auf seinem Speiseplan standen unter anderem die schmackhaften Wacholderbeeren, Kräuter, Trauben, Äpfel & Wurzeln. Dieser pflanzliche Speiseplan inspirierte auch die Bewohner zu Experimenten und wird bis heute beim Destillieren edler Spirituosen eingesetzt. Auf dieses Rezept setzt man bei der *Veltiner 08 GmbH* auch heute noch und produziert einen Premium Gin aus feinsten regionalen Organic-Zutaten, ganz ohne Fake und Kunst – aber mit großer Leidenschaft, viel Geduld und ganz viel Liebe fürs Detail.

Eine Legende – Dry Mal legendär

Das Ergebnis ist ein absolut legendärer handmade Premium Gin. Kein Wunder, hinter dem *Wacholderbär Gin* stehen gleich drei echte Kenner aus Österreich: Christian Auer – ein Top-Sommelier, David Gölles – ein international ausgezeichneter Brenner und Clemens Strobel – ein leidenschaftlicher Winzer. Fazit: Legendär! Das Beste: Den *Wacholderbär Organic Dry Gin* gibt es auch gleich Dry mal...äh... drei mal.

Der Gin, der aus der Traube kommt

Ein kleines Familienunternehmen in Sardinien produziert mit minimalistischen Mitteln und viel Liebe einen Gin, der die besten heimischen Botanicals vereint. Hier legt man viel Wert auf Loyalität und Qualität. Massenprodukte, die dank des teuren Marketings groß aufgeblasen werden, sind hier Fehlanzeige. Alle Zutaten für den Gin haben eine lange Tradition in Sardinien und wachsen auf der Insel. Selbst der Wacholder ist ein echter Sizilianer. Silvio Carta, der Brennmeister nutzt für den *Giniu* nur destillierten Schnaps der Vernaccia-Trauben und die kommen aus der eigenen Weinproduktion. Die Vernaccia-Trauben waren in der Weinwelt damals sehr begehrenswert und zählten lange Zeit zu den besten und teuersten Trauben der Welt.

Früher illegal, heute legal und verboten gut

Der *Silvio Carta Giniu Gin* aus Sardinien ist ein echter Geheimtipp. Aber der mediterrane Gin birgt noch ein altes Geheimnis: Früher war er nur illegal zu bekommen. Heute – basierend auf dem alten illegalen Rezept – ist er zum Glück legal und verboten gut. Wegen seiner hohen Qualität zählt der *Giniu* zu den TOP 10 Gin aus Italien. Fazit: Ein mediterraner Gin, von der wunderschönen Insel Sardinien.

//

KATEGORIE
Sardischer Gin

HERKUNFT
Italien

ENTSTEHUNG
2013

MARKENGRÖSSE
●●○○

TASTING NOTES
Weicher Wacholder und erdige Kräuter. Ein Hauch von Zitrone und die angenehm fruchtige Süße Sardiniens.

”
Vernaccia-Trauben aus der eigenen Weinproduktion, Wacholder aus der Region – Sardinien pur!

SILVIO CARTA GINIU GIN

Eine Geschmackswelle für den Gin-Genießer

Die besten Ideen sind alte Ideen, die man mit einer neuen Idee oder Denkweise kombiniert. Genau das ist hier beim *Z44 Distilled Dry Gin* passiert: Traditionell werden in Südtirol „Kranewit“ (Wacholdergeist) und ein Likör aus „Zirbel“ (Zirbenzapfen) hergestellt. Mit dem *Z44* hat man diese beiden Traditionen kombiniert und neu interpretiert zu einem modernen Gin, in dem die Alpen auf das Mittelmeer treffen. Das Ergebnis: Eine Geschmackswelle, die direkt aus dem Glas in den Gaumen des Gin-Genießers schwappt. Sich verändern und sich dabei selbst treu bleiben – das ist das Motto der *Destillerie Roner* aus Südtirol.

Ein Gin, so faszinierend wie der Blick auf die Alpen

Als eines der verwendeten Botanicals werden die Zirbenzapfen der Zirbelkiefer nach einer Reifungszeit von 3 Jahren einzeln per Hand vom Baum gepflückt. Zusammen mit Wacholder, Schafgarbe, Veilchen- und Enzianwurzel bilden sie die Botanicals für das Destillat und machen den Gin so frisch, mentholisch und angenehm blumig. Gin Fact: Der *Z44 Distilled Dry Gin* basiert zwar unter anderem auf einer Zirbenzapfen-Essenz, die aber durch Destillation gewonnen wird. Das Label und Qualitätsmerkmal „Distilled Gin“ trifft hier also absolut zu. Der Gin verleiht keine Flügel, aber dafür ein erfrischend modernes alpines Lebensgefühl. Fazit: Ein Gin, so faszinierend, wie der Blick auf die Alpen und so erfrischend wie das Mittelmeer.

Z44 DISTILLED DRY GIN

> Zwischen Alpen und Mittelmeer: Tradition und innovation aus Südtirol.

//

KATEGORIE
New Western Dry Gin

HERKUNFT
Italien

ENTSTEHUNG
2014

MARKENGRÖSSE
● ○ ○ ○

TASTING NOTES
Weich und trotzdem komplex. Wacholder, dazu die wunderbaren Aromen von Zirbenzapfen, Fichtennadeln und Enzian. Im Abgang süßlich, frische Zitrusnoten und herber Wacholder.

Z44 DISTILLED DRY GIN // NEW WESTERN DRY GIN

0,7 l // 44%

INVERROCHE DISTILLERY

//

KATEGORIE
New Western Dry Gin

HERKUNFT
Südafrika

ENTSTEHUNG
2011

MARKENGRÖSSE
● ○ ○ ○

TASTING NOTES
Gin Classic: *Exotische Kräuter- und Blütennoten. Wunderbare Fynbos Noten mit einer leichten Wacholdernote, die in fruchtige Zitronen- und Grapefruitaromen übergeht. Riecht und schmeckt anders als alle herkömmliche Gins.*
Gin Verdant: *Noch intensivere Fynbos Noten – speziell aus der Bergregion. Duft von Kräuterlikör und Lakritz. Ein milder Abgang, der begeistert.*
Gin Amber: *Der starke Küsten-Fynbos Charakter kombiniert mit feinen Karamellaromen und der Frische von Zitronen. Langes Finale mit Noten von Brombeeren und Zwetschgen – absolut außergewöhnlich.*

”

Südafrika im Glas: Fynbos mit all seiner Artenvielfalt und komplexen Aromen.

Eine südafrikanische Trilogie

Wer möchte nicht bei Sonnenuntergang die wilde Natur Afrikas bewundern und dabei ein Glas Gin genießen? Good News: Südafrika kommt zu euch ins Glas. Zu verdanken haben wir das Lorna Scott, der Gründerin. Sie hat 2009 eine Idee, wie sie die großartige Vielfalt des Cape Floral Kingdom der ganzen Welt erlebbar machen kann. Inspiriert von der Liebe zur Umwelt, ihrer bedeutenden Geschichte und der bunten Vielfalt, bricht sie auf zu einer Entdeckungs- und Experimentierreise. Zurück kommt sie mit einer Trilogie von außergewöhnlichen Gins. In jedem pulsiert das wilde Südafrika mit seinen vielfältigen und einzigartigen Pflanzen.

Eine Geschmacks-Safari für die Sinne

Inverroche Gin – das Konzentrat Südafrikas. All die Komplexität, Wildheit und Schönheit Südafrikas destilliert und abgefüllt in einer Flasche und in drei außergewöhnlichen Varianten: *Classic, Verdant und Amber.* In jeder Variante stecken Botanicals, die es nur in dem gebirgigen Gebiet des Cape Floral Kingdom gibt und nirgendwo sonst auf der Welt: Wie die wunderbar blumigen Fynbosaromen. Die einzigartigen Pflanzen und Kräuter aus der Region Fynbos machen auch den Gin zu einem geschmacklich außergewöhnlichen Erlebnis. Ein einzigartiger Gin in drei Variationen von einer wegweisenden Handwerksbrennerei, die in ihre Gemeinschaft investiert, nachhaltig handelt und dabei Weltklasse-Gins produziert. Fazit: Eine abenteuerliche und unvergessliche Gaumen-Safari.

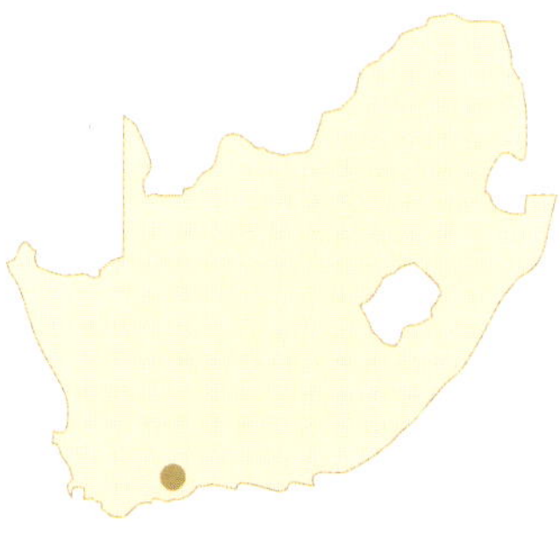

LUSCOMBE

Kitzeln jedem Gin die Aromen aus den Botanicals

Feinperliges Trinkvergnügen für Limonaden-Freunde und erfrischender Supporter für den feingeistigen Gin-Gaumen. *Luscombe Tonics* bestehen ausschließlich aus naturbelassenen, puren Inhaltsstoffen: Keine Konzentrate, keine Zusatzstoffe, keine künstlichen Aromen – no fake – pure spirit. Die *Luscombe Dry Tonics* kitzeln gekonnt jedem klassischen Gin die Aromen aus den Botanicals. Nicht umsonst gab's für die Macher aus England und ihre Grapefruit- und Elderflower-Variante einen verdienten Award. Gäbe es noch keine Awards, um großartige Tonics auszuzeichnen, wäre der *Luscombe* die Gelegenheit einen Award dafür ins Leben zu rufen.

Luscombe wird bereits jetzt in Botschaften, edlen Hotels, Bars und Restaurants angeboten, ist aber zum Glück auch immer mehr in ausgewählten Gourmet-Supermärkten vertreten. Fazit: Ein echter Gourmet-Tonic, der einen edlen Gin und stilvolle Genießer verdient.

DOCTOR POLIDORI FINE TONIC WATER

Der Arzt, dem die Gins vertrauen

Namensgeber dieses Tonics ist der *Arzt Doctor John William Polidori.* Ihm vertraute schon der Dichter und Lebemann Lord Byron. Doctor Polidori war Leibarzt und engster Vertrauter des Dichters. Auf die alten Aufzeichnungen des Arztes vertraut man auch im Hause Capulet & Montague. Auf besagten Arzt geht schließlich das allererste Tonikum-Rezept zurück.

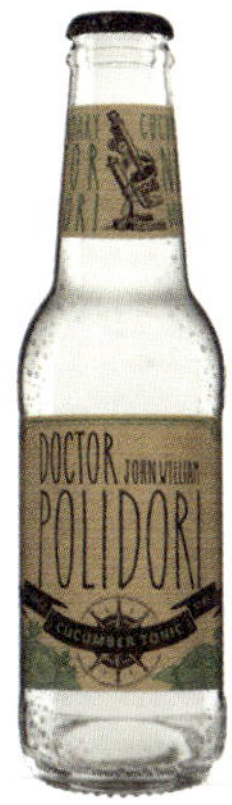

Ein innovativer Arzt mit vielen Talenten, der auch für seine alchemistischen Tinkturen bekannt und seiner Zeit weit voraus war. Aber sein Tonic kommt hier und jetzt genau richtig – modern interpretiert für alle Gin-Genießer-Gaumen. Fazit: *Doctor Polidori Fine Tonic Water* ist ein komplexer Filler mit köstlichen Aromen – ein Tonic, das man seinem Gin vertrauensvoll verabreichen kann. In gleich drei genussplichtigen Varianten: *Dry, Cucumber* und Grape. Zu Nebenwirkungen, wie plötzlich auftretende Gaumenfreuden, fragt euren Bartender des Vertrauens. Wohl bekomm's!

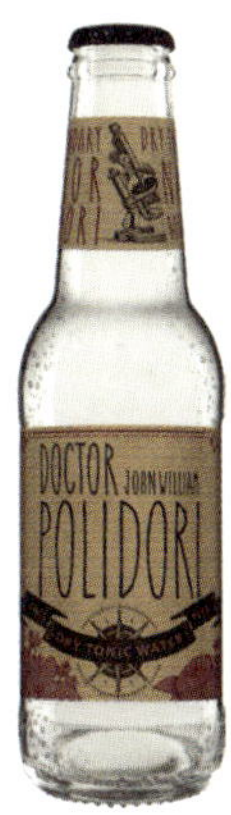

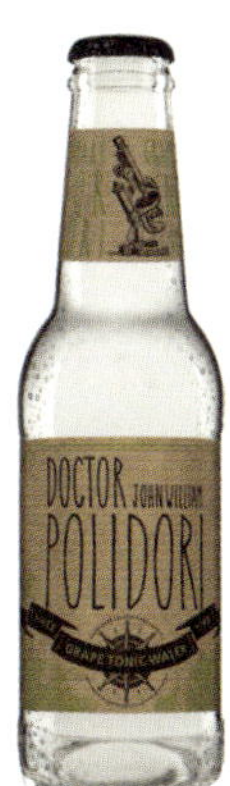

LE TRIBUTE TONIC

Ein Tribut an den Gin und seine Botanicals

Einer der beliebtesten Gins Spaniens verdient nicht nur Respekt, dem sollte man auch Tribut zollen. Darum hat man in dem kleinen Fischerdorf Vilanova, in der Nähe von Barcelona, das *Le Tribute Tonic Water* speziell für den Genuss mit dem gleichnamigen Gin kreiert – ein match made in Spain.

Für das Tonic wird das Zitronengras-Destillat verwendet, das auch im Gin zum Einsatz kommt. Mit dezenten Rosmarin- und Zitrusnoten, die den Genuss des Le Tribute Gins noch komplexer gestalten. Geschmacklich so perfekt auf seinen Gin abgestimmt, dass man sich vor Ehrfurcht kaum traut, diesen temperamentvollen Filler zweckzuentfremden. Aber bei allem Respekt ist er auch solo auf Eis ein echtes Gaumenspektakel. Fazit: Ein köstlicher Tribut an einen großartigen Gin und seine Botanicals.

THE BASIL

Grün ist die Hoffnung

Es gibt viele Filler mit unterschiedlichen Geschmacksnoten und Farben – aber die Farbe Grün und das Aroma von frischem Basilikum ist bisher eine Rarität in der Welt der Mischgetränke. Das dachte man sich bei Soda Libre aus Hamburg und tauchte die Filler-Welt in ein sattes Grün, ausgestattet mit einem erfrischend-grünem Filler und vollem Basilikum-Geschmack. Das Ergebnis? Ein frisches Basilikum – Zitronen Soda. Das kraftvolle Basilikum-Zitronen-Aroma des Basil steigt einem schon nach dem Öffnen der Flasche direkt in die Nase – eine echte Erleuchtung für die Synapsen!

Mit *The Basil* wird die Welt der Gin-Genießer endlich ein wenig grüner. Fazit: Grün ist die Hoffnung in der Filler-Welt. Am besten selbst erleben – als *Gin & The Basil* oder auch pur auf Eis. Für echte Limonaden-Freunde eine erfrischend spritzige Offenbarung.

ORGANICS TONIC WATER

Verleiht dem Gin einen unwiderstehlichen Charme

Organics Tonic Water by Red Bull. Perfekt abgestimmte Mischung aus Zitronen- und Limettenaromen mit einer wunderbaren Zart-Bitter-Note. Intensiver Genuss und unverwechselbarer Geschmack aus besten Zutaten, die zu 100% aus natürlicher Herkunft kommen. Obendrauf gab's auch noch ein Bio-Siegel. Großartiger Tonic für ein gutes Trinkgefühl. Harmonisch süß-säuerlich, herb und trocken. No Energy-Drink, belebt aber trotzdem jeden Gin-Gaumen und ist der ideale Supporter für einen stilvollen Gin & Tonic.

SIR TIBBER'S ENERGIZING BLUE TONIC WATER

Der Sidekick für lässige Gins und lange Bar-Nächte

Es gibt die blaue Periode in der Malerei, in der Picasso großartige blaue Bilder erschaffen hat und es gibt die blaue Stunde, in der die Macher hier ihr fantastisches Blue Tonic Water kreiert haben. An einem schönen Sommertag forderte das *Bombax Team* den Status Quo heraus und fragte sich: Muss ein Energy-Drink immer süß sein? Und kann ein Tonic nicht auch Sidekick statt nur Supporter sein?

Nach monatelanger Entwicklung hatte das Bombax Team auf beide Fragen folgende Antworten gefunden: Nein und Ja. Man hielt die erste – vor Energy – pulsierende Dose *Sir Tibber's Energizing Blue Tonic Water* in den Händen. Das Ergebnis ist so spritzig und erfrischend wie ein Tonic und so belebend wie ein Energy-Drink. Fazit: Mit seiner blauen Farbe ist er ein echter Blickfang auf jedem Bartresen und mit seinem belebendem Coffein und Taurin ein energiegeladener Sidekick für Gins und lange Bar-Nächte – Klick, Schluck, Boom!

PARK TONIC

Bringt jeden Gin zum Prickeln und sieht auch noch verdammt gut aus

Was erwarten wir von einem perfekten Filler? Welche Eigenschaften sollte er mitbringen? Was bringt einen Gin dazu, sich Hals über Kopf in ein Tonic zu verlieben? Zum einem sollte der Filler aus besten Zutaten bestehen, das macht ihn schon mal sympathisch. Schließlich kommt es auch auf die inneren Werte an. Er sollte Sinn für guten Geschmack haben. Er sollte etwas Frisches mitbringen. Aber vor allem sollte er unseren Gin so richtig zum Prickeln bringen. Mehr erwarten wir nicht von einem Filler.

Die Macher des *Park Tonic* aus Estland haben das verstanden und perfekt umgesetzt: Der *Park Tonic Classic* ist der Traumpartner für feine Gins. Mit seiner feinperligen Kohlensäure, seinem natürlichen Chinin und einem Hauch Rosmarin, bringt dieser grandiose Filler jeden noch so zurückhaltenden Gin dazu sich zu öffnen. So will jeder Gin verführt werden, dann entfaltet er auch sein volles Potenzial. Wir sagen: Match made in heaven – oder in diesem Fall, im Park. Wem die Klassik-Variante schmeckt, der wird seine drei weiteren Park Tonic-Kollegen *Park Tonic Rhubarb, Park Tonic Herbal* & *Park Tonic Mango Chili* lieben.

THOMAS HENRY TONIC WATER

Der Mann, der die Welt zum Sprudeln brachte

Von der Medizin zum Favorit-Filler für Gin-Genießer: Die kleinen stilvollen Flaschen sind mittlerweile berühmter als ihr Namensgeber, der *Apotheker Thomas Henry,* der es 1773 erstmals schaffte Mineralwasser mit Kohlensäure anzureichern. Die Geburtsstunde des heutigen Soda.

Das berühmte Antlitz des Gentleman und Apothekers ziert heute die Flaschen der jungen Firma, die damit weit über die Grenzen Berlins beliebt geworden ist. Nicht zu süß, mit einem erhöhten Chinin-Gehalt und einer feinen Zitrusnote, ist das Tonic perfekt für wacholderbetonte Gins zu empfehlen. Neben dem klassischen *Tonic Water* bietet *Thomas Henry* viele weitere Sorten an wie Coffee Tonic, Elderflower Tonic und Cherry Blossom Tonic. Fazit: Der Apotheker brachte damals das Wasser zum Sprudeln, die Macher von *Thomas Henry* bringen heute den Gin-Gaumen zum Prickeln.

SCHWEPPES TONICS

Der passende Begleiter für jeden Gin

Mit viel Passion stellte der deutsche Juwelier *Jacob Schweppe* 1783 als Erster kohlensäurehaltiges Mineralwasser in großen Mengen her. Und das war erst der Anfang. Heute, gut 200 Jahre später, hat *Schweppes* neben Klassikern wie dem *Indian Tonic Water* und dem weniger süßen *Dry Tonic Water*, zusammen mit führenden Mixologen vier weitere außergewöhnliche Tonic Sorten entwickelt; für experimentierfreudige Bartender und um für jeden Gin den passenden Begleiter zur Hand zu haben. Der *Schweppes Premium Mixer Tonic & A Touch of Lime* verleiht jedem Gin eine sprudelnde Extra Frische mit einem Spritzer Limette. Das *Tonic Pink Pepper* holt das volle Aroma kräftiger Gins hervor und verleiht ihnen eine rebellische Note. Das *Tonic Hibiscus* mit seinen fein blumigen und dezent fruchtigen Noten verzaubert jeden hochwertigen Gin in einen exotischen Longdrink. Das *Tonic Matcha* verfeinert insbesondere herbale Gins mit einer leichten Grüntee-Note und feinen Zitrusnuancen.

FEVER-TREE TONIC

Die fieberhafte Suche nach dem Fieberbaum

Charles und Tim verkosten unzählige Tonics. Aber sie finden einfach nicht das ideale Tonic, das Premium Gins gerecht wird. Da beschließen sie, sich selbst auf die Suche zu machen. In Bibliotheken stecken sie ihre Köpfe in Bücher und reisen bis an die Anfänge der ersten Chinin-Quellen zurück. Eine 15-monatige Reise an die entlegensten, schönsten und auch gefährlichsten Orte der Welt beginnt. Sie studieren, probieren und experimentieren mit Rezepten.

Endlich sind die beiden Gründer und Wegbereiter der Premium Tonics mit ihrem Produkt zufrieden: Die erste Flasche *Fever-Tree Indian Tonic Water* kommt im Jahr 2005 auf den Markt und ist seitdem "Tonic of Choice" in den besten Bars weltweit. Für *Fever-Tree* wird das hochwertigste Chinin der Welt verwendet. Der Markenname ist inspiriert von dem Fieberbaum, aus dessen Rinde Chinin gewonnen wird – die Hauptzutat jedes Tonic Waters. *Fever-Tree* bietet 6 großartige Tonics und 2 Ginger-Sorten für Gin-Mixgetränke, oder um sie pur zu genießen.

Außen völlig unscheinbar, innen unglaublich unique. Die Bar gehört zu den angesagtesten Locations in Berlin und macht schon mal Platz für eine ausgefallene Kunstausstellung. Berlin eben. Tom's Lieblingsbar ist absolut einzigartig und immer einen Besuch wert – sogar allein. Er verrät euch auch warum.

Privatparty in Wohnzimmer-Atmosphäre

Hat man es durch die natürliche Auslese vor der Tür geschafft, erwartet einen für den restlichen Abend eine Art Privatparty in Wohnzimmer-Atmosphäre. Kleiner Raum, gigantische Stimmung. Legendäre Cocktails werden hier gemixt zu den fetten Hip Hop und R'n'B Sounds der stadtbesten DJ's. Das hölzerne Mobiliar könnte fast aus einem Sergio Leone Western entnommen sein. Der Clou der Bar: Realness statt Instagram. Ein kultiger Fotoautomat in der Bar sorgt für zusätzliche Stimmung und für legendäre Momente, die in bester Erinnerung bleiben – selbst bei einem Filmriss, wenn es mal ein paar Gin & Tonics zu viel waren. Egal ob man hier mit Freunden, Kollegen oder alleine herkommt, man kommt hier sehr schnell mit anderen Gästen in Berührung und bleibt nicht lange allein. Kann man von einer Bar mehr erwarten? Nope.

//

ADRESSE

Kitty Cheng Bar
Torstraße 99
10119 Berlin

KONTAKT

info@kittycheng.de
+49 30 92 36 89 75
www.kittycheng.de

ÖFFNUNGSZEITEN

Donnerstag bis Samstag
21:00 – 06:00

TOM'S LIEBLINGSBAR: *KITTY CHENG*

VICTOR'S LIEBLINGSBAR: REINGOLD

Eine Bar, in der man früher regelmäßig auf Hemingway, Max Liebermann oder auf Erika und Klaus Mann getroffen wäre. Letztere zieren die Bar übrigens als großes Bildnis (handgemalt auf den Seiten von Klaus Mann's Roman "Mephisto") und blicken neugierig auf die Gäste des *Reingold* in Berlin. Die Bar zählt zu den 10 besten Bars in Berlin. Victor ist der Meinung, das *Reingold* ist DIE beste Bar in Berlin. Und er verrät euch auch warum.

Auf einen Gin Rickey mit Fitzgerald

Die Bar liegt etwas versteckt, aber sobald man sie betritt, ist sie eine echte Offenbarung: Das Ambiente ist passend im Stil der 20er/ 30er Art-déco-Stil gehalten. Das erste was einem auffällt, ist der markante und eindrucksvolle 17 Meter lange Tresen – das Herzstück der Bar. Dahinter erstrahlt eine goldene Wand, die auch perfekt auf die Stimmung der Gäste abstrahlt. Man fühlt sich sofort sehr wohl und sehr kultiviert. Die Bartender im *Reingold* sind echte Profis, die euch euren Drink auch individuell perfekt zusammenstellen können. Vom Klassiker bis zum Londoner Trend-Cocktail. Eine Bar, so stilvoll und atmosphärisch, dass jeden Moment auf dem Barhocker neben dir Fitzgerald Platz nehmen könnte und dich auf einen *Gin Rickey* einlädt.

//

ADRESSE
Reingold
Novalisstraße 11
10115 Berlin-Mitte

KONTAKT
info@reingold.de
+49 30 28 38 76 76
cms.reingold.de

ÖFFNUNGSZEITEN
Dienstag bis Samstag
ab 19 Uhr

4 GIN-INSIDER

HOW TO MAKE A GIN

– Die ultimative Anleitung für euren Homemade Gin

Ihr wolltet schon immer mal euren eigenen Homemade-Gin machen? Ihr habt eine Badewanne? Scherz, ihr braucht keine Badewanne, trotzdem ist es super einfach, seinen eigenen Gin zu Hause herzustellen. Das Ergebnis ist vielleicht kein Spitzen-Premium-Gin, der mit den ganz großen Gins mithalten kann, aber er ist genießbar und es macht Spaß. Am besten geht ihr das Homemade-Gin-Projekt mit zwei, drei Freunden zusammen an. Übrigens ist der selbstgemachte Gin mit einem liebevoll gestalteten Etikett auch ein geniales Geburtstagsgeschenk – wer kann so ein Geschenk schon toppen? Wer weiß, vielleicht ist das ja auch der Start einer großen Gin-Macher-Karriere. Dann habt ihr schon mal eine gute Story, die bei euch zu Hause in eurer Küche ihren Anfang genommen hat..

Zutaten für eine Flasche Gin (750 ml):

// *2 EL getrocknete Wacholderbeeren*
// *1 EL schwarze Pfefferkörner*
// *1 EL Koriandersamen*
// *6 Kardamomkapseln*
// *2 Zimtstangen*
// *1 Bio-Zitrone*
// *Bio-Orange*
// *2 Zweige Rosmarin*
// *3 kleine Lorbeerblätter*
// *30 g Ingwerknolle*
// *750 ml Korn oder Wodka*
// *1 großes Schraubglas mit einem*
// *Fassungsvermögen von 1–1,5 Liter*

1

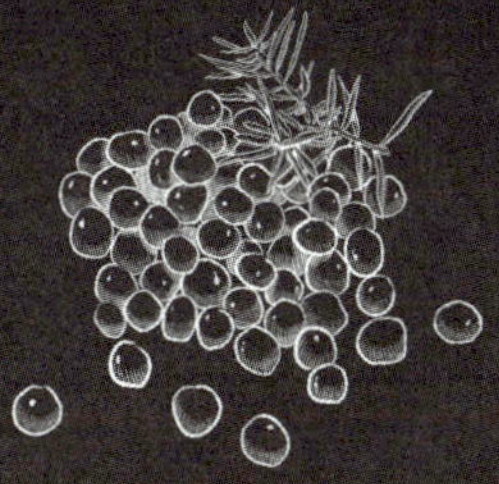

Homemade-Gin Step #1: Aller Anfang ist leicht – super leicht

Die Wacholderbeeren in einem Mörser zerstoßen.

Ab in die Pfanne damit und zusammen mit Pfefferkörnern, Koriandersamen, Kardamom und Zimtstangen ohne Fett kurz anrösten. Auf einen kalten Teller schütten und abkühlen lassen.

2

Homemade-Gin Step #2: Halbzeit – Gin o' clock

Zitrone und Orange heiß waschen und abtrocknen. Die Hälfte der Schale von Zitrone und Orange als dünne Streifen (Zesten) abschneiden. Lorbeer, Ingwer und Rosmarin waschen und mit einem Küchentuch trocken tupfen. Ingwer ungeschält in feine Scheiben schneiden.

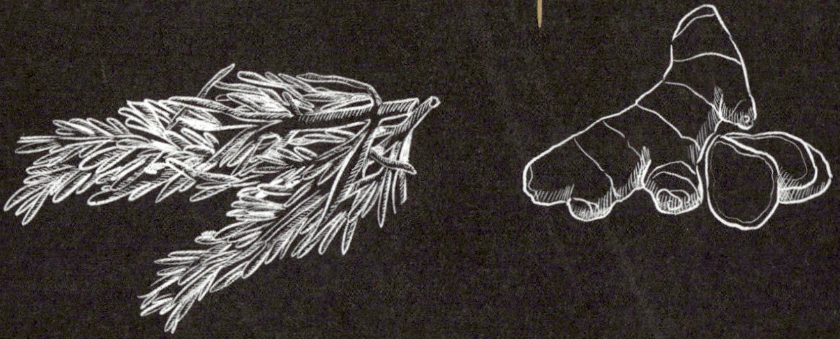

Mit Händchen und Näschen für Botanicals zum World Gin Award

Fertig? Fertig – that's it. So einfach ist es, einen Homemade-Gin zu produzieren. Das ist das Gin-Grundrezept. Und das ist nur der Anfang. Fügt ganz nach Belieben eure Traum-Botanicals hinzu: Minze, Beeren, Blüten, Basilikum, Fenchel, Pflanzen, Wurzeln, Grüner Tee – was auch immer. Lasst euch dafür am besten von den Brand Portraits hier im Buch inspirieren. Testet, probiert, experimentiert – genau so haben viele große und geniale Gin-Macher angefangen. Wenn ihr ein Händchen und ein Näschen für Botanicals habt, sehen wir uns vielleicht schon bald bei den World Gin Awards.

3

Homemade-Gin Step #3: Das große Finale

Geröstete Gewürze, Zitronen- und Orangenschale, Rosmarin, Lorbeer und Ingwer zusammen mit dem Korn oder Wodka in das große Schraubglas geben. Deckel drauf und fest verschließen. Jetzt braucht ihr etwas Geduld, aber ihr müsst nicht davorsitzen und warten, bis das Ganze 3 Tage durchgezogen ist. Macht, was immer ihr so macht: Trinkt Gin, geht zur Arbeit, in die Bar, schaut Netflix und dann, endlich nach 3 Tagen...

... dürft ihr euer Destillat durch ein feines Sieb filtern, kurz stehenlassen, damit die feinsten Wacholderbeerteilchen sich am Boden absetzen, und dann vorsichtig (ohne Bodensatz) zurück in das (sauber ausgewaschene und getrocknete) Schraubglas gießen.

DAS DIY-GIN-TASTING

Für eine legendäre Gaumenreise in 5 Stationen

Gin-Tastings gibt es viele – aber wie viele habt ihr schon bei euch zu Hause veranstaltet? Das kann nicht nur sehr inspirierend und erhellend sein, dabei kann man auch ´ne Menge über Gin, Botanicals und über euch selbst lernen.

So – let's get the legendary Gin-DIY-Tasting-Party started.

Wir wünschen euch und euren Geschmacksknospen eine abenteuerliche Gaumenreise!

Die Organisation

Stellt genügend und möglichst unterschiedliche Gins für das Tasting zusammen: Tipps dazu gibt es hier im Buch in den Brand Portraits.

Diversity rules: Es muss beim Gin nicht immer teuer und Premium sein, um Premium zu schmecken. Also stellt die Gins am besten von günstig bis etwas teurer zusammen. Es soll schließlich kein Tasting für Snobs werden.

Wollt ihr auch euren eigenen Homemade-Gin mit Freunden verkosten: Dann auf zum Kapitel How to make a great bottle of Gin.

Welche Botanicals sind in den Gin-Sorten, die verkostet werden sollen: Besorgt euch die Botanicals, Gewürze und Zutaten (online oder offline), dann könnt ihr sie beim Tasting mit Nase und Zunge "entdecken" und "erleben".

Informiert euch im Vorfeld über euren Gin und die Botanicals: So könnt ihr auch bei euren Gästen mit unterhaltsamen Anekdoten und interessanten Insights punkten.

Legt euch genügend Zettel und Stifte für Notizen zurecht: Auch die besten Ideen oder Gedanken sind schnell verschwunden, wenn man sie nicht festhält...

Ihr braucht Kaffee für das Tasting: Nein, nicht zum Trinken, zum Neutralisieren. Immer wenn ihr an einem Botanical "geschnuppert" habt, riecht danach am Kaffeepulver, bevor ihr eure Nase auf das nächste Gewürz oder Botanical loslasst.

Immer stilles Wasser bereitstellen: Auch Tastings machen durstig, aber noch viel wichtiger ist es, vor jedem Gin den Gaumen mit einem Schluck Wasser zu neutralisieren.

Weißbrot zum Tasting reichen: wenn ihr wollt mit einem dezenten Olivenöl-Dip.

Tasting-Gläser bereitstellen: Je nachdem, ob Gin pur, auf Eis oder als Gin & Tonic, braucht ihr die richtigen Gläser dafür – es sollte schließlich stilvoll verkostet werden.

Auf Temperatur achten: Wollt ihr den Gin pur verkosten, dann stellt ihn vorher bitte nicht kalt. Die Aromen des Gins entfalten sich (ähnlich wie ein guter Wein) am besten bei Zimmertemperatur.

Eiswürfel vorbereiten: Bereitet rechtzeitig und genügend Eiswürfel für euren Gin auf Eis oder den Gin & Tonic zu.

Das DIY-Gin-Tasting

Entschleunigt: Das meinen wir ernst. Lasst euch auf das Tasting ein und die Welt draußen. Schaltet euer Phone mal aus. Entspannt euch, konzentriert euch nur auf das Tasting, seid ganz im Hier und Jetzt.

Versucht vorab die unterschiedlichen Botanicals herauszuriechen und zu schmecken: Gelingt es? Der eine Gin hat vielleicht viele Botanicals, das macht es schwierig, jede einzelne Zutat "herauszulocken", ein anderer Gin hat nur sehr wenige Botanicals und ihr erkennt sie sofort. Try it.

Aller Anfang ist trocken: Idealerweise beginnt man ein Gin-Tasting immer mit den trockenen Ginsorten. Fängt man mit den fruchtigen, komplexeren Gins an, die sehr voluminös und kräftig sind, schmeckt man von dem nächsten Gin, der eher zurückhaltend ist, nicht mehr allzu viele Nuancen heraus.

Wechselt beim Tasting die Ginsorten: Habt ihr gerade einen eher Wacholder-lastigen Gin verkostet, sollte der nächste eher ein zitroniger Gin sein. So schmeckt ihr am besten die einzelnen Nuancen heraus.

Pur ist einfach purer Geschmack: Testet den ersten Gin am besten immer pur. Habt ihr ihn genügend erkundet und entdeckt, gebt gerne Tonic dazu, aber zuerst: **JUST PURE!**

GIN

Schwenk it, Baby:

Lasst den Gin in eurem Glas kreisen. Das öffnet ihn. Der Sauerstoff lässt die Aromen heraus. Erst dann den Gin behutsam mit der Nase erkunden (nein, nicht den Rüssel tief ins Glas stecken!).

Was nimmt die Nase wahr:

Was riecht ihr? Fragt euch gegenseitig: Riecht ihr das Gleiche oder jeder etwas anderes? Wacholder? Zitrusnoten? Riecht der Gin eher würzig oder scharf? Floral oder fruchtig? Kräuter? Eine holzige Note? Noch mal riechen. Hat sich etwas verändert? Jetzt dürft ihr eure Nase noch tiefer ins Glas stecken. Was erkennt ihr nach den ersten Aromen? Kommt eine Nuance dazu? Augen schließen und riechen. Lasst euch und euren Sinnen Zeit.

Schmecken, schlucken, nachschmecken:

Endlich – genehmigt euch einen winzigen Schluck. Lasst ihn auf der Zunge liegen, spielt damit im Mund, am Gaumen – nicht schlucken, nur schmecken. Was schmeckt ihr? Welche Aromen könnt ihr erkennen? Jetzt dürft ihr schlucken. Was schmeckt ihr jetzt? Wie verändern sich die Aromen von der Zunge zum Gaumen und zum Abgang hin? Nachschmecken. Welche Aromen bleiben zurück?

Vergleiche Botanicals pur und im Gin:

Nehmt die Botanicals, die sich auch in dem Gin finden, den ihr gerade verkostet, zur Hand… wie riechen die Botanicals pur und wie riechen sie im Gin? Erkennt ihr sie? Tipp: Legt einzelne Botanicals in eine kleine Schüssel, gießt sie mit Gin auf, 5 Minuten ziehen lassen. Riecht ihr jetzt die vollen Aromen der Gewürze und Botanicals?

Ein gut gemeinter Rat:

Schmatzen, Schlürfen und beim Schmecken eine Gesichts-Spastik aufzulegen sind absolute No-Gos. Es sei denn, ihr wollt, dass das euer letztes Tasting war. Also, verkostet wie wahre Ladies und Gentlemen . Mit Stil, Würde und Intelligenz. Alles andere überlassen wir den Wodka-Trinkern.

Finaler Abschluss mit einem optimalen Gin & Tonic:

Ein stilvolles Tasting darf man gern mit ein paar guten Gin & Tonics abrunden. Und auch hier könnt ihr euch ausprobieren. Vergleicht die Tonics miteinander, welches passt am besten zu welchem Gin? Wie schmeckt der Gin & Tonic, wenn ihr jetzt noch die Botanicals hinzugebt? Wir wünschen euch ein legendäres DIY-Gin-Tasting und eine inspirierende Geschmacksreise, die eure Synapsen tanzen lässt!

DIE GIN-TRENDS:

Eine Reise in die Zukunft des Gins

Wir sind kein Nostradamus. Wir sind auch kein Yoda. Aber wir haben mal fleißig recherchiert und so einige spannende Trends ausgegraben.
So viel können wir vorab verraten: Es wird ein geschmacklich aufregendes Jahr für uns Gin-Liebhaber.

Das große Comeback der klassischen Botanicals

In 2019 heißt es: Botanicals – back to the roots! In der letzten Zeit haben sich kreative Gin-Macher mit ihren Botanicals so richtig ausgetobt. Es konnte nicht außergewöhnlich, extravagant oder unique genug sein. Crazy Aromen und ungewöhnliche Trinkerlebnisse. Je ungewöhnlicher, desto besser. Man hatte beinahe den Verdacht, dass es nicht darum ging, den besten Gin zu machen, sondern den abgefahrensten. Was wir auf der einen Seite auch gut verstehen können: Wie will man sich mit seinem neuen Gin auf diesem gigantischen Gin-Markt von allen anderen abheben?

Darum finden wir den Trend ganz gut, den wir in Gesprächen mit verschiedenen Gin-Liebhabern und Machern ausgegraben haben. Der Trend in 2019 geht zwar zurück auf klassische und gewöhnliche Botanicals, dafür aber mit außergewöhnlichen Herstellungsmethoden.

Finden wir gut, wenn wieder etwas mehr Minimalismus in den Gin kommt, statt maximal ungewöhnliche Botanicals. Dürfen wir für 2019 also wirklich ein großes Comeback der klassischen Botanicals erwarten? Wir sind gespannt.

Crazy Gewürze, Kräuter und total exotische Früchte

Indischer Gin

In Indien legt man sich nicht nur ins Zeug, wenn es darum geht, erstklassigen Whisky zu machen. Dort ist man langsam auch auf den Wacholder gekommen. Und der indische Markt ist riesig – ergo wird auch in Zukunft der Ausstoß an indischen Gins groß und hoffentlich auch großartig sein. Die Voraussetzungen sind perfekt, um erstklassige und komplexe Gins herzustellen. Was interessante Botanicals, feine Gewürze und Pflanzen betrifft, sitzt man in Indien an einer fruchtbaren Quelle. Einen ersten Vorgeschmack bietet der *Hapusa Himalayan Dry Gin* – leider noch nicht bei uns auf dem Markt erhältlich, aber sehr, sehr vielversprechend. Das ist der weltweit erste Himalayan Dry Gin der Welt und wird mit echtem Himalaya-Wacholder und heimischen indischen Pflanzen hergestellt.

Back to the roots – gewöhnliche Botanicals, dafür aber mit außergewöhnlichen Herstellungsmethoden.

We can't wait to try the *Himalayan Dry.*

Surprise, Surprise: Aromen und Botanicals werden noch wilder

Wir werden jetzt nicht unsere Ansicht revidieren, aber es gibt auch Meinungen, die behaupten, der Gin-Trend wird, was Aromen und Botanicals betrifft, noch viel wilder, verrückter und total loco. Die Geschmacksideen der Gin-Macher sollen angeblich noch abenteuerlicher, kreativer und experimenteller werden und viel mehr crazy Gewürze und Kräuter und total exotische Früchte enthalten. Aber auch die Gin-Sorten, wenn man dann noch von Gin sprechen kann, werden gepimpt, getunt und mit crazy stuff infused: Gin mit Bubblegum-Geschmack, Beerenrosa-Gin, Zitronensprühnebel, Rhabarber und Ingwer-Geschmack, Passionsfrucht-Gin-Liköre und gesalzener Karamell-Geschmack.

Rosige Gin-Aussichten? Was Flavor und Farbe angeht vielleicht. Aber die Gefahr bei solchen abgefahrenen Gin-Trends ist, dass die Qualität nicht mithält. Fakt ist: Die meisten trendorientierten Gins enthalten oft Zucker, Sirup und andere künstlichen Zusatz-Bullshit-Stoffe. Darum hier unser Gin-Plädoyer an unsere Freunde des guten Geschmacks: Lasst uns nicht nach schnellen Trends schielen, lasst uns stattdessen wieder auf beste Qualität, Herkunft und Werte wie Tradition, Nachhaltigkeit und echte Botanicals schauen – so, wie sie uns Mutter Natur geschenkt hat und die besten Destillateure meisterlich in handwerklich erstklassigen Gins verarbeiten.

Wenn es einen wichtigen Trend gibt, dem jeder folgen sollte, dann ist es dieser: Lasst uns Plastikstrohhalme aus unseren Drinks verbannen. Lasst uns weniger die Lebensmittel verschwenden, die den Drink in unserer Hand nur "hübsch" aussehen lassen. Lasst uns bewusst genießen, leben und lachen und dabei versuchen, einen möglichst kleinen Fußabdruck auf diesem Planeten zu hinterlassen. Das wären doch schon mal ganz gute Trendaussichten, oder was meint ihr? In diesem Sinn und mit nur leicht abgewandelten Worten des großen Meisters Bruce Lee:

#BeGinMyFriend

DER PERFEKTE GIN & TONIC

Ein kurzer Gedanke, wie man etwas Einfaches ganz schnell kompliziert (aber dafür genial) machen kann.

Von Lars Jaeger, dem Mitgründer des ECK – Koblenz Dry Gins

Der perfekte Gin & Tonic. Gibt es ihn? Und wenn ja, wie macht man ihn? Ich glaube, nein – ich bin mir sicher, es gibt ihn, auch wenn der perfekte Gin & Tonic für jeden Gin-Genießer etwas anderes sein kann.

Meine Erkenntnisse beruhen auf einer langjährigen Gastronomieerfahrung in der Daddy O´s American Cocktail Bar in Koblenz, in der ich zum Barkeeper ausgebildet wurde.

Um einen perfekten Gin & Tonic zuzubereiten, bedarf es fünf einfacher, aber entscheidender Kriterien. Die da wären:

// *Das Glas*
// *Das ideale Mischungsverhältnis von Gin & Tonic*
// *Das Eis*
// *Die ergänzenden Botanicals*
// *Die finale Zubereitung*

1

Glas und Mischverhältnis

Welches Glas nehme ich?

Diese ganz wichtige Entscheidung sollte immer in Abhängigkeit zur Größe des Gin & Tonic getroffen werden. Zwei Varianten stehen hier idealerweise zur Verfügung:

1. Ein klassisches Longdrink-Glas, das je nach Größe bis zu 250 ml fassen kann
2. Ein großes, bauchiges Stielglas für mehr Volumen

Tipp: Die Entscheidung für ein Glas immer in Abhängigkeit mit der Flüssigkeitsmenge des Gin & Tonic treffen (vier bis fünf Zentiliter Gin bilden eine gute Basis), sodass die gewünschte Menge auch mit Eis im Glas genügend Platz findet.

Bei einem Verhältnis von 1:1 (ein Teil Gin zu einem Teil Tonic) oder 1:2 ist somit ein Longdrinkglas ideal. Ab einem Verhältnis von 1:3 oder 1:4 überschreitet die Menge schnell diese Glasvariante. In diesem Fall favorisiere ich die spanische Variante des Gin & Tonic in einem großen, bauchigen Stielglas.

Doch für wen ist nun welches Mischungsverhältnis passend?
Personen, die ihre Liebe zum Gin erst vor kurzem entdeckt haben, empfehle ich ein Verhältnis von 1:3 oder 1:4. Die beiden stärkeren Mischungsverhältnisse 1:1 oder 1:2 können sehr gut für eine kleine Verkostung verwendet werden, bei der der Gin im Vordergrund stehen soll.

2

Das Eis

Das Eis kühlt unseren Gin & Tonic nicht nur, es kontrolliert auch seinen Geschmack

In der Bar sollte darauf geachtet werden, dass das Eis nicht frisch aus der Eismaschine genommen wird, sondern am besten vor Verwendung noch einmal in einer Gefriertruhe auf –16° bis –18° Celsius nachgekühlt wird. Nimmt man das Eis zu schnell aus der Eismaschine, taut es auch zu schnell auf und verwässert den Gin & Tonic, was eine negative Auswirkung auf den Geschmack hat.

Bitte auch kein Eis verwenden, das zu lange im Gefrierfach lag und sogar schon mehrmals angetaut ist. Das verfälscht den Eigengeschmack des Gin & Tonic.

Meine Regel: *Form follows function – auch beim Gin & Tonic.*

Nicht nur die Temperatur, sondern auch die Form des Eises spielt eine große Rolle.
Oft wird Eis in Form eines Fingerhuts verwendet, das leider nur viel zu schnell im Glas schmilzt. Der Grund ist die größere Fläche des Eises im Vergleich zu rechteckigen Würfeln. Das führt in Kontakt zum Gin & Tonic zu einer schnelleren Abgabe von Schmelzwasser.

Achtung: Auch die Menge des Eises spielt beim Schmelzverhalten eine Rolle. Eine größere Menge Eis schmilzt langsamer und daher sollte immer kompaktes und gern etwas mehr Eis verwendet werden. Aus diesem Grund bieten sich die oben beschriebenen, bauchigen Stielgläser für einen Gin & Tonic an.

3

Die Botanicals

Aus heutigen Gin & Tonic Kreationen sind Botanicals kaum noch wegzudenken

Was verbirgt sich eigentlich hinter diesem Begriff?
Als Botanicals können alle Zutaten bezeichnet werden, die dem Gin & Tonic einen zusätzlichen Geschmack verleihen. Leider geht ein aktueller Trend dahin, jedem Gin & Tonic ein Stück Gurke zu verpassen, was meiner Meinung nach falsch ist...

Meine Regel hierfür ist recht simpel: *Was drin ist, darf auch wieder rein!*

Das Ziel der Botanicals: einen bereits vorhandenen Geschmack zu unterstützen und hervorzuheben.
Wenn also in einem Gin keine Gurke verarbeitet ist, warum eine Gurke hinzugeben? Das verfälscht nur den ursprünglichen Geschmack des Gins. Es können aber zu jedem Gin Wacholderbeeren gegeben werden, weil diese auch weitläufig in jedem Gin verarbeitet sind.
Bei jeder Zugabe sollte also vorab darauf geachtet werden, welche der im Gin vorhandenen Aromen unterstrichen bzw. hervorgehoben werden sollen.

Tipp: Experimentiert, habt aber meinen Leitsatz im Hinterkopf: *Was drin ist, darf auch wieder rein!*

4

Die Zubereitung

Jetzt müssen alle Zutaten ins passende Glas gegeben werden

Um euren Gin & Tonic frischer und dadurch besser zu machen, habe ich folgenden Trick:
Tonic Water sollte nie direkt und plötzlich auf Eis gekippt werden. Dadurch kann der Drink schnell abgestanden schmecken. Schuld daran sind die unterschiedlichen Temperaturen von Eis und Tonic.
Kippt ihr das Tonic Water auf das Eis, verliert es direkt seine Kohlensäure, besonders Tonic Water mit leichter Kohlensäure. Um das zu vermeiden, könnt ihr das Tonic über einen Barlöffel vorsichtig auf das Eis gießen. Ist kein Barlöffel zur Hand, einfach alternativ das Tonic sanft am Glasrand eingießen, um einen ähnlichen Effekt zu erhalten.

Diese fünf Punkte sind meiner Meinung nach die wichtigsten Punkte für einen perfekten Gin & Tonic. Beachtet alle Schritte, aber es sollte aus einem Gin & Tonic nicht zwangsweise eine Wissenschaft gemacht werden.
Deckt sich euer Geschmack nicht mit dem, was hier geschrieben steht, macht so weiter wie bisher, niemand sollte aufhören, das vielfältigste und spannendste Getränk der Welt zu trinken, nur weil man gelesen hat, dass es eventuell anders zubereitet wird.

Ich wünsche euch viel Spaß bei jedem Gin & Tonic,
den ihr zubereitet oder trinkt.
Euer Lars Jaeger

„Fazit: Es gibt ihn also, den perfekten Gin & Tonic, aber wie er schmecken muss, bestimmt jeder für sich selbst.

#1 Holy Juniper

Holunder und Wacholder sind so etwas wie ein Match made in heaven. Sie sind einfach füreinander geschaffen. Probiert es aus in eurem Gin & Tonic und ihr wisst, was wir meinen. Die perfekte Symbiose geht der Gin mit der fruchtigen Note der Holunderblüte ein. Darum: Wählt ein Tonic Water mit Holundergeschmack, dekoriert euren Gin & Tonic mit einer Holunderblüte und fertig ist das neue, etwas andere Geschmackserlebnis.

#2 The Adventures of Granny Smith & Tiny Thyme

Thymian hat sich viel zu lange hinter Basilikum und Rosmarin versteckt, dabei harmonieren diese Kräuter perfekt mit Apfel, Zitrone und Orange. In dieser Variante harmoniert der Thymian perfekt mit grünen Äpfeln. Wenn ihr genießen möchtet, dann probiert ihn. Es lohnt sich. Nehmt dazu knackige Granny Smith Äpfel und gebt sie zusammen mit einigen Thymianblättern ins Glas. Mit einem Stößel leicht andrücken und mit Gin (am besten einen London Dry Gin) und Tonic Water auffüllen. Ein Gin & Tonic, der auch klassische Gin & Tonic-Liebhaber überzeugt – darauf wetten wir. Eine kleine, erfrischende Abenteuerreise für euren Gaumen.

#3 Lemon Basil Booster

Frischer geht's kaum. Zitronenzeste und Basilikum ins Glas geben und zerstoßen, Eiswürfel oder auch Crushed Ice, leichtes Tonic und den Gin eurer Wahl dazu und ihr habt einen perfekten Sommerdrink. Die ätherischen Öle der Zitronenzeste und das Basilikum ergeben eine sommerlich erfrischende Kombination. Perfekt als Aperitif oder für einen chilligen Abend mit Meerblick. Ein See tut's auch.

#4 My Dry Rosemary

Mehr Aroma für euren perfekten Gin & Tonic ist kaum möglich. Für diese Variante
sollte ihr am besten einen hochwertigen Dry Gin nehmen. Einfach eine getrocknete Orangenscheibe (Bio-Qualität) ins Glas geben, dazu vier, fünf Rosmarinnadeln und zusätzlich ein oder zwei Orangenzesten mit einem Stößel zerreiben. Dry Gin dazu und mit einem milden Tonic Water auffüllen. Vorsicht: höchste Suchtgefahr für eure Gaumen!

#5 Gin N' Roses

Wir nennen diese Gin & Tonic-Variante Gin N' Roses. Schmeckt großartig würzig-lieblich und ist auch noch ein echter Hingucker. Die süßliche Honig-Note und die Farbe, die das Rosenwasser dem Drink verleiht, machen ihn zu einem außergewöhnlichen Gin & Tonic. Unser Tipp: Ein paar Rosenblüten im Glas versenken. Wäre der passende Drink für den Bachelor – ist er aber zum Glück nicht.

#6 Pear Splash Mint

Eine absolute favorite Gin & Tonic-Variante, wie wir finden. Schon beim Aussprechen der Zutaten haben wir die Aromen in der Nase. Süße, getrocknete Birnen und frische Minze – da hat man doch sofort das Gefühl, mit diesem Drink auf einer Terrasse in Marrakesch zu sitzen und gemütlich dem bunten Treiben auf den Straßen zuzusehen. Einfach ein oder zwei getrocknete Birnenscheiben und ein paar Blätter frischer Minze ins Glas geben, mit einem Stößel leicht zerstoßen, Gin dazu und das Ganze mit einem milden Tonic auffüllen. Eine Gin & Tonic-Variante absolut neu und stimmig interpretiert – enjoy!

GIN & TONIC RELOADED:

10 Varianten für euren #FavoriteDrink

#7 Rosemary wants an Apple

Was wie ein perfekter Durstlöscher klingt, macht euren Gin & Tonic zu einem erfrischenden Genuss, von dem man leicht zu viel trinken kann. Er schmeckt einfach zu gut und sommerlich leicht. Apfelsaft und Rosmarin treffen auf Gin & Tonic. Einfach naturtrüben Apfelsaft in euren Gin & Tonic füllen, drei bis fünf Rosmarinnadeln zwischen den Fingern reiben und dazugeben. Unser Tipp: Da es ja leider nicht das ganze Jahr Sommer ist, könnt ihr den Drink auch im Winter heiß als Grog genießen.

#8 Cinnamon Dream

Sehnsucht nach exotischen Orten? Fernweh? Kein Problem, mit dieser Gin & Tonic-Variante holt ihr zu euch Exotik nach Hause. Nehmt dafür einen Gin eurer Wahl, dazu ein mildes Tonic Water, erhitzt eine Zimtstange kurz mit dem Feuerzeug und gebt sie zusammen mit Orangenzesten ins Glas. Schmeckt exotisch, leicht süßlich und super erfrischend. Gin Fact: In Spanien lieben sie diese Gin-Variante. Die Spanier wissen eben, wie man das Leben genießt.

#9 Spice up your Gin

Mit dem Hendrick's Gin hat die Gurke die Bars dieser Welt erobert und ziert fast jeden Gin & Tonic. Schmeckt ja auch schön trocken und frisch. Die Gurke hat Stil. Aber in Gin-Sorten, bei denen Botanicals wie Koriander, Zitrus- und Orangennoten im Vordergrund stehen, passt die Gurke noch viel besser. Der Szechuan-Pfeffer sorgt für den extra Kick und verleiht der Gurke etwas mehr... ja, Pfeffer. Für Gin-Genießer mit einem geschulten Gaumen ein perfekter Drink, um ihn stilvoll bei einer guten Lektüre oder einem anregenden Gespräch zu genießen.

#10 Orange is the new Gin

Frucht und Minze geht immer und nichts verleiht einem Drink wie Gin & Tonic einen so mediterranen Touch wie Orangen, Zitronen und Limetten in Kombination mit frischer Minze. Einen Schluck von diesem frischen Gin & Tonic und wir befinden uns in einem Café mit Meerblick in der Provence.

5

GIN-REZEPTE ZUM ESSEN & TRINKEN

GIN & TONIC MIT YUZU-SAFT UND ARABICA-BOHNEN

Die Yuzu-Frucht aus Asien ist die vielleicht interessanteste Zitrone der Welt. Warum? Weil sie nicht nur nach Zitrone schmeckt. Sie kann viel mehr: Sie schmeckt nach Mandarine, Limette, Grapefruit und natürlich Zitrone – aber viel intensiver als die gewöhnlichen Zitronen, die wir so kennen. Also – mix it, taste it, love it! Perfekt, um beim ersten Date zu punkten oder um bei der nächsten Cocktailparty für Standing Ovations zu sorgen.

Die Anleitung zu eurem perfekten Yuzu Arabica-Gin & Tonic:

1. Longdrinkgläser bereitstellen. Dann den Yuzu-Saft zusammen mit dem Mango-Balsamico in die Gläser geben.
2. Zitronenzesten in Streifen schneiden.
3. Gläser mit Eiswürfeln auffüllen, Gin eurer Wahl dazu und mit Tonic Water aufgießen.
4. Mit einem langen Löffel oder Stab elegant einmal, zweimal, dreimal umrühren.
5. Zitronenzeste zärtlich in den Drink geben und mit einer feinen Reibe die geröstete Espressobohne in den Drink reiben.
6. Drink-Tipp: Weil das Auge immer mittrinkt. Gib doch einfach noch zwei, drei Espressobohnen in den Drink – sieht gut aus und hat Stil – fertig ist der Drink.
7. Cheers!

// *12 cl London Dry Gin*
// *0,4 l Dry Tonic Water*
// *4 Teelöffel Yuzu-Püree*
// *6 Arabica Espresso-Bohnen*
// *1 TL Mango-Balsamico*
// *2 Zitronen-/Yuzu-Zesten*

GIN & TONIC COLD BREW COFFEE

Der Gin & Tonic Cold Brew Coffee ist ein guter Drink, der euch auf einen Barabend einstimmt, oder den ihr als Aperitif vor dem Essen an der Bar genießen könnt. Aber vor allem natürlich als eiskalte Erfrischung im Sommer – alles andere ist nur kalter Kaffee.

Anleitung für euren Gin & Tonic Cold Brew Coffee:

// *2 cl Gin*
// *8 cl Tonic Water*
// *4 cl Cold Brew Coffee*
// *Eiswürfel*

Die Vorbereitung

1. Schon mal Cold Brew Coffee gemacht? Nope? Egal – ist kalter Kaffee. Könnt ihr Kaffee machen, könnt ihr auch Cold Brew Coffee machen, und so geht's: Kaffee am besten mit einer French-Press-Kanne aufbrühen (sind diese Kannen zum Runterdrücken. Habt ihr die nicht, macht ihn, wie ihr es gewohnt seid).
2. Kaffee fertig? Great. Und jetzt ab damit in den Kühlschrank. Habt ihr's eilig? Dann packt ihn auf Eis in den Gefrierschrank.

Die Zubereitung

3. Drei Eiswürfel in einen Tumbler (Whiskyglas) geben.
4. Gin eurer Wahl in den Tumbler geben, danach das Tonic Water dazu.
5. Mit kaltem Kaffee aufgießen, Anblick genießen und dann nur noch…
6. Umrühren und erfrischen!

DORFLINGER COCKTAIL

Der Klassiker, der die Prohibition noch selbst erleben durfte und während dieser Zeit unzählige Gin-Gaumen glücklich machte. Fun Fact: Hemingway und seine Frau Hadley haben den Cocktail schon in Paris getrunken. Nee, stimmt nicht, haben wir uns nur ausgedacht. Aber sie hätten, wenn wir ihnen damals einen Dorflinger gemixt hätten. Der Clou: Es braucht nur drei Zutaten, um einen unglaublich komplexen Geschmack zu zaubern. Die Experten wissen, wie man es macht.

Die Anleitung für euren stilvollen Dorflinger Cocktail:

1. Den Gin und den Absinth in einen mit Eis gefüllten Shaker gießen – nicht schütteln! Rühren! Noch mal. Und noch mal. Gut. Das reicht.
2. Stilvoll in gut gekühlte Martini-Gläser abseihen.
3. Einen oder zwei Spritzer Orangenbitter, that's it? That's it!
4. Enjoy...

// *6 cl Plymouth Gin*
// *3 cl Absinth*
// *Spritzer Orangenbitter*

SMOKY ORANGE LEMON TWISTER

Die Vereinigung für Gin-Genießer und Whisky-Liebhaber. So bekommt man sie zusammen an einen Tisch oder an den Bartresen. Dieser Cocktail ist die ultimative Gaumen-Verständigung zwischen Whisky- und Gin-Trinker. Für alle, die behaupten, ein guter Drink, der Gin und Whisky beinhaltet, geht nicht. Da sagen wir: Geht doch!

Die Anleitung für den rauchigen Lemon Twister:

1. Gläser (Tumbler) bereitstellen.
2. Zwei, drei Eiswürfel in die Gläser geben.
3. Gin und Laphroaig hineingießen.
4. Orangensaft dazu und den Spritzer Zitrone.
5. Mit Bitter Lemon aufgießen.
6. Rosmarinzweig zwischen Daumen und Zeigefinger reiben, um die Aromen herauszulocken, und anschließend den Zweig in die Gläser geben.
7. Eine bessere Vereinigung von Gin und Whisky hat es vermutlich nie gegeben – trinket und staunet!
8. Gefrierschrank.

// *3 cl Gin*
// *3 cl Laphroaig Whisky*
// *Frischgepresster Orangensaft*
// *Spritzer Zitronensaft*
// *1 Rosmarinzweig*
// *Bitter Lemon*

THE GIN RICKEY

F. Scott Fitzgeralds Lieblingsdrink? Yes. Das hier war sein all time favorite. Wenn ihr ihn probiert, bekommt ihr eine Ahnung, warum. Wir möchten euch aber raten, den Drink in Maßen zu genießen – nicht wie Fitzgerald. Der hat davon gern zwei, drei, fünfzehn zu viel genossen. „First you take a drink, then the drink takes a drink, then the drink takes you", hat F. Scott Fitzgerald gesagt. Fun Fact: Der Drink hatte auch einen Gastauftritt in Fitzgeralds berühmtesten Buch Der große Gatsby.

Die ultimative Anleitung für F. Scott Fitzgeralds Lieblingsdrink:

1. Collins-Glas mit Eis auffüllen.
2. Gin über die Eiswürfel gießen.
3. Eine halbe Limette vierteln, Saft der Limettenscheiben ins Glas pressen und anschließend die Limettenschalen ins Glas fallen lassen – yes, drop it!
4. Das Glas mit Sodawasser auffüllen.
5. Ihr fragt euch jetzt sicher: "Ist das nicht einfach ein Gin mit Soda und Limetten?" Yepp – so what? Wer sagt, dass es für einen großartigen Cocktail viele Zutaten braucht?
6. Cheers and enjoy – auf den großen Fitzgerald!

// *6 cl Gin*
// *Saft von ½ Limette*
// *Club Soda*

MARIPOSA FIZZ BEACH

Gin in Paradise: Es geht auch exotisch. Perfekt, um ihn bei einem Sonnenuntergang am Meer zu genießen, oder an kalten Wintertagen, um sich dabei an den sonnigen Strand zu träumen.

Die Anleitung für einen paradiesischen Mariposa Fizz Beach:

1. Highballgläser mit Orange Flower Water ausspülen.
2. Gin, Saft, Sirup, Crème de Cacao und Eiweiß in den Shaker ohne Eis und ca. 10 Sekunden lang: "Shake it, Baby. Shake it real good." – Okay, das genügt und jetzt ...
3. Eis hinzu and now – oh my God – schon wieder: 15 Sekunden lang shake it, shake it real real good. Yes – das reicht und ...
4. In die Highballgläser auf Eiswürfel abseihen.
5. Mit Soda aufgießen.
6. Etwas Muskat darüber reiben.
7. Alltag aus – dream on!

// *4,5 cl Gin*
// *1,5 cl Zitronensaft*
// *1 cl Zuckersirup*
// *1 cl Crème de Cacao weiß*
// *1 Eiweiß*
// *Orange Flower Water (Orangenblütenwasser)*
// *4,5 cl Soda*
// *Muskatnuss*

FRISCO CLUB

Ein echter Geheimtipp bei uns, echter Kult-Cocktail in San Francisco – darum auch sein Name. Wenn es bei euch in nächster Zeit also nicht heißt: "If you're going to San Francisco ..." – dann habt ihr mit diesem Drink eine wohlschmeckende Alternative.

Die Anleitung für einen Gaumen-Trip nach San Francisco:

1. Alle Zutaten (Zeste nicht!) mit Eiswürfel im Shaker ca. 15 Sekunden kräftig shaken.
2. In vorgekühlte Cocktailschalen abseihen.
3. Die Grapefruit-Zeste über dem Drink ausdrücken.
4. Braucht keine Dekoration, nur gute Gesellschaft.

// *6 cl Plymouth Gin*
// *1,5 cl Blutorangen-Likör*
// *1 cl Fernet Branca*
// *2,5 cl Grapefruitsaft*
// *1 cl Limettensaft*
// *1,5 cl Zuckersirup (2:1)*
// *1 Grapefruit-Zeste*

SILVER BRONX

Einer der beliebtesten Drinks aus der Prohibitionszeit – heute immer noch verboten gut. Laut der New York Times war genau dieser Cocktail an der Lasterhaftigkeit und Verkommenheit der Bronx in den 30ern schuld. Jeder braucht ein Laster – das hier schmeckt erfrischend anregend.

Die Anleitung für einen lasterhaften Silver-Bronx-Cocktail:

1. Interessante Leute einladen.
2. Alle Zutaten mit Eis schütteln, in einem Shaker shaken.
3. Gläser von innen mit einer Orangenscheibe "putzen".
4. Alles in die Gläser abseihen.
5. Den Gästen servieren.
6. Sich an ihrem genussvollen Lächeln erfreuen...

// *4 cl Orangensaft*
// *1 Eiweiß*
// *1,5 cl trockener Wermut*
// *3 cl Gin*

Musiktipp: "In the Ghetto" von Elvis Presley, danach alles von Sinatra.

SPARKLING-BORAGE-COCKTAIL

Der Sommercocktail für legendäre Sommernächte – mit essbaren Blüten. Achtung: Borretschblüten-Eiswürfel sollten mindestens einen Tag vorher zubereitet werden. Eiswürfelbehälter mit Borretschblüten auslegen, Wasser drauf, ins Eisfach und einfrieren lassen – fertig.

Die Anleitung für einen verblüffenden Sparkling-Borage-Cocktail:

1. Gin, Borretsch-Sirup und Limettensaft in einen mit Eis gefüllten Cocktailshaker gießen und shaken.
2. In ein gekühltes Cocktailglas abseihen.
3. Ein paar getrocknete Wacholderbeeren dazu geben.
4. Borretschblüten-Eiswürfel dazu (Eiswürfel, in denen jeweils eine Borretschblüte eingefroren ist).
5. Mit Wacholder-Soda auffüllen (oder Soda mit Geschmack nach Wahl).
6. Eine Borretschblüte on top platzieren.
7. Schauen, staunen, auf Instagram posten und anschließend Gäste mit diesem – ab heute – legendären Drink verzaubern.

// *4,5 cl Premium Gin*
// *1,5 cl Holunderblütenlikör*
// *1,5 cl Borretsch-Sirup*
// *Schuss frischer Limettensaft*
// *Wacholder-Soda*
// *Borretschblüten-Eiswürfel*
// *Getrocknete Wacholderbeeren*

THE GREAT GINASKY

Ausgefallen und absolut großartig. Ein Drink, um aus kleinen Augenblicken große Momente zu machen. Am besten bei einem guten Gespräch mit dem Lieblingsmenschen genießen.

Die Anleitung für einen großartigen Ginasky:

1. Martini-Gläser bereitstellen.
2. Alles in einem Shaker auf Eis schütteln.
3. Durch ein Sieb in die Martini-Gläser abseihen.
4. Mit den Pistazien-Splittern garnieren.
5. Gäste beeindrucken!

// *4 cl Gin*
// *3 cl Mangosaft*
// *2 cl Zitronensaft*
// *1 Löffel flüssigen Honig*
// *1 Messerspitze Wasabipaste*
// *Pistazien-Splitter*

GIN BASIL SMASH

Grün ist die Hoffnung. Und die Hoffnung kommt jetzt nicht nur in Grün daher – sondern auch noch extra frisch. Ein Drink für hoffnungsvolle Stunden mit den besten Buddies oder als Aperitif vor einem festlichen Dinner.

Die Anleitung für einen Gaumen-Trip nach San Francisco:

1. Basilikumblätter und Zuckersirup in den Shaker geben.
2. Mit dem Stößel zerstoßen – aber gentle: Das Basilikum öffnen, nicht töten.
3. Zitronensaft, Gin und Eiswürfel dazu.
4. Shaken. Shaken. Shaken.
5. Durch ein Barsieb in Martini-Gläser abseihen.
6. Mit Basilikumblättern garnieren und mit viel gutem Karma servieren.

// *6 cl Gin*
// *10–15 Blätter Basilikum*
// *1–2 Blätter Basilikum zur Dekoration*
// *2 cl Zitronensaft*
// *2 cl Zuckersirup*
// *Eiswürfel*

GIN REBEL

Hätten sich Marlon Brando und James Dean in einer Bar eingeschlossen und einen gemeinsamen Cocktail kreiert, wäre vielleicht dieser hier dabei herausgekommen. Zumindest sind wir uns sicher, dass ihnen der Gin Rebel geschmeckt hätte. Der Gin Rebel-Cocktail ist vielleicht der rebellischste Gin-Cocktail, den man seinen Geschmacksknospen bieten kann. Nach den gewöhnlichen Gin & Tonics eine fabelhaft rebellische Abwechslung für alle festgefahrenen Gaumen, die sich mal wieder ein wenig lebendig und gefährlich fühlen wollen..

Die Anleitung für einen rebellischen Gin Rebel:

1. Ingwer in feine Scheiben schneiden (3 Scheiben pro Glas).
2. Longdrinkglas mit Eis auffüllen.
3. Einen Gin eurer Wahl ins Glas gießen.
4. Yuzu-Marmelade und Sojasauce hinzugeben – umrühren.
5. Mit einem Tonic Water eurer Wahl füllen und jetzt ...
6. Behave like a gentleman, drink like a rebel!

// *5 cl Gin*
// *20 cl Premium Tonic Water*
// *1 EL Orangenmarmelade*
// *3 Tropfen Sojasauce*
// *Frischer Ingwer*

GAZPACHO GIN GIN

Der Spanien-Klassiker trifft auf Gin-Genießer-Gaumen: Gazpacho Gin Gin. Die perfekte Vorspeise für einen gemeinsamen Abend mit guten Freunden und erstklassigem Gin. Besser als so mancher Aperitif und man hat etwas im Bauch, falls der Abend noch feucht-fröhlich weitergeht. Wer stilvoll trinken will, sollte vorher stilvoll essen – hier kommt das Gericht dafür.

Die Anleitung für ein frisch-fruchtiges Gazpacho Gin Gin:

1. Einen großen Topf mit Wasser und etwas Salz zum Kochen bringen. Den Strunk aus der Tomate herausschneiden, **Tomate** umdrehen und auf der Unterseite ein Kreuz einschneiden.
2. Eine kleine Schüssel mit **Eiswürfeln** zurechtstellen.
3. Tomate kurz ins kochende Wasser geben und blanchieren, bis sich die Haut löst.
4. Jetzt die Tomate aus dem Topf nehmen und in eine Schüssel mit Eis legen.
5. Wartet, bis die Tomate abkühlt, dass ihr euch nicht die Finger verbrennt.
6. Ist sie soweit? Sobald die Tomate kalt ist, Schale entfernen.
7. Tomate in kleine Stücke schneiden.
8. **Sellerie und Knoblauch** fein hacken.
9. **Gurke** schälen und in grobe Würfel schneiden.
10. **Melone** in Stücke schneiden.
11. **Tomate, Chili, Sellerie, Knoblauch, Brot, Melone und Gurke** in eine Schüssel geben und mit dem Stabmixer pürieren.
12. Mit einer guten **Prise Salz, Pfeffer** und etwas **Sherry-Essig** würzen.
13. Gazpacho zugedeckt in den Kühlschrank stellen.
14. Cocktailschalen oder große Martini-Gläser bereitstellen.
15. Etwas Crushed Ice in die Gläser.
16. **2 cl Gin** in jedes Glas geben.
17. Die Gläser mit dem Gazpacho füllen.
18. Mit einem **Basilikumblatt** servieren.
19. Genießen – Guten Appetit!

- *1 große Fleischtomate*
- *1 kleines Stück Melone*
- *1 kleine Gurke*
- *1 Stange Sellerie*
- *2 Stück Weißbrot*
- *Frische Chili (zur Not tun es aber auch getrocknete Chiliflocken)*
- *1/4 frische Knoblauchzehe*
- *1 EL Sherry-Essig (oder Rotwein-Essig)*
- *1 TL Fleur de Sel*
- *Schwarzer Pfeffer*
- *50 ml Gin eurer Wahl*
- *Crushed Ice*

Ergibt 4 Gläser

SONNIGES GIN-ZITRONEN-RISOTTO

Essen wie beim Italiener und Gin-Genuss wie in der Bar? Kein Problem, mit diesem frischen Sommer-Risotto-Gericht bringt ihr echte Liebhaber der italienischen Küche und Gin-Genießer gemeinsam an einen Tisch.

Die Anleitung für ein sommerlich-sonniges Gin-Zitronen-Risotto:

1. Einen großen beschichteten Topf mit einem Schuss Olivenöl erhitzen.
2. Die **Zwiebel** fein hacken und in Öl anbraten.
3. **Risottoreis** dazugeben, weiter anbraten, bis der Reis glasig wird.
4. Mit einem großzügigen **Schuss Gin** und dem **Saft einer Zitrone** ablöschen.
5. Risottoreis auf mittlerer Stufe einkochen lassen.
6. Nach und nach mit Brühe aufgießen.
7. Während der Reis vor sich hin köchelt, die **Zucchini** in kleine Stücke schneiden und in etwas Öl anbraten.
8. Zucchini mit **Salz, Pfeffer und Chili** würzen, beiseitestellen.
9. Wenn die Flüssigkeit im Reis verkocht ist, erneut Brühe nachgießen, bis sie aufgebraucht ist.
10. Nach etwa 20 Minuten müsste der Reis gar sein – einfach mal testen.
11. Schale von den **Zitronen** mit einer großen Reibe abreiben.
12. Für das große Finale: Den geriebenen **Grana Padano, geriebene Zitronenschale und die kalte Butter** unterrühren und mit **Salz und Pfeffer** abschmecken.
13. Buen apetito und cheers!

// *280 g Risottoreis*
// *Gin (muss kein Premium-Gin sein, wenn ihr aber zu viel Geld habt, dann: Why not?)*
// *1 Liter Gemüsebrühe*
// *1 große Zwiebel*
// *1 Zucchini*
// *2 Bio-Zitronen*
// *ca. 60 g Grana Padano, fein gerieben*
// *2 EL Butter*
// *Salz und Pfeffer*
// *Chiliflocken*
// *Olivenöl*

Tipp: Mit Basilikum und Zitronenzesten garnieren.

BETRUNKENE GARNELEN AUF EINEM PASTA-NEST

Fisch und Weißwein waren gestern. Heute isst man stilvoll Gin mit Garnelen. Ein grandioses Sommergericht, um schnell und einfach die besten Freunde zu beeindrucken, selbst wenn man eigentlich gar nicht kochen kann.

Die Anleitung für die betrunkenen Garnelen auf einem Pasta-Nest:

1. **Zwiebeln und Knoblauch** schälen und fein hacken.
2. Einen guten Schuss Olivenöl im Topf erhitzen.
3. Zwiebeln und Knoblauch ca. 2 Minuten anbraten.
4. Mit **Zucker** bestreuen und leicht karamellisieren.
5. Mit **Essig und Gin** ablöschen.
6. **Dosentomaten** dazugeben, großzügig mit **Salz und Pfeffer** würzen und ca. 20 Minuten auf mittlerer Stufe köcheln lassen.
7. **Garnelen** in einem Sieb waschen.
8. **Spaghetti** in einem großen Topf mit reichlich Salz kochen.
9. **Rosmarinzweige** entnadeln und die Nadeln fein hacken.
10. Jetzt Olivenöl in einer Pfanne erhitzen.
11. Garnelen 2 Minuten in der Pfanne anbraten.
12. Rosmarin hinzufügen, umrühren.
13. Garnelen mit Salz und Pfeffer würzen.
14. Mit **Zitronensaft** beträufeln.
15. Noch die Tomatensoße mit Salz und Pfeffer abschmecken.
16. Nudeln abgießen.
17. Auf großen Pasta-Tellern die Spaghetti zu einem Nest zusammendrehen und die Tomatensoße dazugeben.
18. Die betrunkenen Garnelen darauf betten.
19. Teller mit **Basilikumblättern und Zitronenzesten** garnieren.
20. Servieren und einen wunderbaren Abend mit guten Menschen, gutem Essen und großartigem Gin genießen.

- *2 Zwiebeln*
- *2 Knoblauchzehen*
- *4 EL Öl*
- *2 TL brauner Zucker*
- *2 EL heller Balsamico-Essig*
- *50 ml Gin eurer Wahl*
- *2 Dosen Tomaten*
- *Salz und Pfeffer*
- *500 g küchenfertige Garnelen (ohne Schale)*
- *500 g Spaghetti*
- *2 Zweige Rosmarin*
- *1 Bio-Zitrone*

SMOKE ON THE (TONIC) WATER

Angrillen – aber bitte nicht ohne meinen Gin & Tonic auf den Ribs. Grillen und Bier war gestern. Der moderne Gentleman grillt und genießt mit Sinn, Stil und Verstand. Ladies and Gentlemen, grab your Gin & Tonic and start your smoker. It's time for smoke on the (Tonic) Water.

Die Anleitung für großartige smokey Gin-Tonic-Ribs:

1. In einer großen Schale etwa **8 cl Gin und 200 ml Tonic Water** mischen.
2. Die **Bio-Orange** schälen.
3. **2 EL BBQ-Gewürz** nach Wahl und die Orangenscheiben dazugeben.
4. Die **Rippchen** auf der Fleischseite mit der Marinade bepinseln, in Alufolie einpacken und über Nacht marinieren lassen, am besten im Kühlschrank.
5. Den Smoker auf ca. 120–130 °C aufheizen.
6. Die andere **Orange (mit Schale!)** in feine Scheiben schneiden und auf dem Grillrost auslegen, darauf werden später die Ribs gebettet.
7. Nun die Rippchen direkt auf die **Orangenscheiben** legen.
8. Räucherholz für ca. 2 Stunden in den Smoker legen.
9. Insgesamt werden die Rippchen ca. 3 Stunden gegart, davon 2 Stunden geräuchert.
10. Nach 3 Stunden die Rippchen dezent mit der BBQ-Sauce glasieren.
11. In große Stücke teilen, mit einem frischen Gin & Tonic und einem knackigen Salat servieren.

// *2 ganze Rippchen-Leitern*
// *80 ml Gin nach Wahl*
// *200-400 ml Tonic Water*
// *2 EL BBQ-Gewürz (einfach selbst zusammenstellen, z.B. Pfeffer, Meersalz, Chili, Paprika, Curry, Oregano, etc.)*
// *BBQ-Sauce nach Wahl*
// *2 Bio-Orangen*

So grillt man heute mit Stil und Verstand!

LACHS IM KRÄUTERMANTEL NACH EINEM SAUNAGANG MIT GIN-AUFGUSS

Zugegeben, der Name unseres Gerichts ist ein wenig länger geraten, aber dafür ist auch der Genuss eine echte Offenbarung. Der Gin bringt den Lachs ordentlich ins Schwitzen und nimmt die wunderbaren Aromen der Botanicals auf. Wenn ihr dieses Gericht perfektioniert, könnt ihr allein damit ein erstklassiges Restaurant eröffnen. Aber auch ohne Restaurant seid ihr mit diesem Gericht so etwas wie der vielversprechende Azubi von Gordon Ramsay.

Anleitung für euren Lachs im Kräutermantel:

1. **1/2 frische Bio-Lachsseite** mit Haut mit lauwarmem Wasser abwaschen und mit Küchenpapier trockentupfen.
2. **40 g braunen Zucker mit 30 g Meersalz** mischen.
3. **1 Bund Dill** fein schneiden.
4. Die Schale von **1 Bio-Limette** fein reiben und mit dem **Dill** gut vermischen.
5. Den Lachs auf der Hautseite in eine große Schüssel legen.
6. Jetzt den Lachs mit einem Schuss gutem **Gin** einreiben.
7. Dann mit der Limetten-Dill-Mischung noch gründlich einreiben.
8. Anschließend mit der Zucker-Salz-Mischung bestreuen.
9. Mit Frischhaltefolie luftdicht abdecken und für 48 Stunden in den Kühlschrank stellen, um den Lachs so richtig schön mit dem Gin zu beizen (braucht seine Zeit – aber es lohnt sich, versprochen!).
10. Die **Wasabi-Mayonnaise** vorbereiten: **3–4 EL Mayo** mit etwas **Wasabi** aus der Tube verrühren.
11. **1 Spritzer Limettensaft** und etwas Meersalz dazugeben, verrühren und abschmecken.
12. Am nächsten Tag den Lachs aus dem Kühlschrank nehmen. Der Gin hat den Lachs ordentlich ins Schwitzen gebracht. Die Flüssigkeit, die aus dem Lachs ausgetreten ist, aus der Schüssel abgießen.
13. Den Lachs unter kaltem Wasser abspülen und trocken tupfen.
14. Vorsichtig mit einem großen, scharfen Messer die Haut vom Lachs trennen.
15. **½ Bund Dill** und **1 Bund Schnittlauch** fein schneiden und auf einem großen Stück Frischhaltefolie verteilen.
16. Den Lachs darauflegen und die Folie so zusammenschlagen, dass der Lachs einen gleichmäßigen Kräutermantel bekommt.
17. Sanft zusammendrücken.
18. Die Folie wieder entfernen und den Lachs in nicht zu dünne Scheiben schneiden.
19. Den Lachs auf einem großen Brett servieren – am besten mit etwas **Baguette, einem Gin & Tonic und einem Klecks Wasabi-Mayonnaise** – ganz großes Gaumenkino!

- 1/2 frischer Bio-Lachs
- 40 g brauner Zucker
- 30 g Meersalz
- 1 Bund Dill
- 1 Bio-Limette
- 1 Schuss guter Gin oder auch 1 guter Schuss Gin
- 3-4 EL Mayonnaise
- Wasabi aus der Tube
- 1 Spritzer Limettensaft
- 1/2 Bund Dill
- 1 Bund Schnittlauch

Achtung! Für ein perfektes Gericht solltet ihr dieses Rezept 48 Stunden vorher zubereiten!

GIN & TONIC AM STIEL MIT FRISCHER GURKE & EINEM HAUCH ROSMARIN

Der Sommerhit kommt dieses Jahr als erfrischender Aperitif mit Stil und am Stiel – wie praktisch! Die vielleicht zwei besten Dinge im Sommer vereint: Gin & Tonic und ein erfrischendes Eis am Stiel, besser geht's nicht. Perfekt für eine Garten- oder Geburtstagsparty. Das hat Stil, am Stiel.

Die Anleitung für einen erfrischenden Gin & Tonic am Stiel:

1. **6 cl Lieblings-Gin, 300 ml Tonic Water und Limettensaft** mixen.
2. **Rosmarin** sehr fein hacken, zum Gin-Mix geben und gut mischen.
3. **Zwei Gurkenscheiben** in jeweils eine Eisform geben.
4. Die Eisformen mit dem Gin, dem Tonic und dem Limettensaft-Mix befüllen.
5. Eisform verschließen, ab in den Gefrierschrank und über Nacht gefrieren lassen.
6. Freunde begeistern und in der Sonne gemeinsam **Gin & Tonic am Stiel** genießen!

// *Tonic Water*
// *Gin*
// *Saft von 4 ausgepressten Limetten*
// *Ein Viertel einer Salatgurke*
// *10 Rosmarinnadeln*
// *6–8 Eis-am-Stiel-Formen zum Einfrieren*

Ergibt etwa 8 Gin & Tonic am Stiel